JN436478

# 춤추는 정원

Praise the Lord!

목사님과 천국에 계신 부모님, 그리고 사랑하는 내 아이들에게
이 책을 바칩니다.

내 삶의 정원에서 흔들리며 피는 꽃처럼…

설치 미술가 심영철의 6감感

따뜻한손

프롤로그

# 거울 앞에서

대학 시절, 처음으로 누드를 조각할 때였다.
'누드'라는 장르에 막연한 동경과 호기심을 품고 있던 나는
설레는 마음으로 모델을 기다렸다.
살아 숨 쉬는 인간의 몸을 직접 관찰하고
그것을 다시 형상화하는 그 당시의 작업 과정에 나는 완전히 매료되어 있었다.

하지만 문이 열리고 모델이 들어오는 순간,
내 기대는 보기 좋게 배반당하고 말았다.
20대의 싱그러운 육체를 기대했던 내 앞에
40대의 중년 여인이 서 있었던 것이다.
가슴은 처지고 근육은 힘없이 늘어진 데다
피부 여기저기에는 살이 튼 자국이 선명했다.
게다가 생기라곤 찾아 볼 수 없는 그 시들한 표정이라니….
그날로 다른 모델을 찾아 나섰다.

친언니를 스케치해 보기도 하고,
내 자신을 모델 삼아 근육과 몸의 움직임을 연구해 가며
꽤 그럴듯한 조각품을 만들어 내기도 했다.
그만큼 나는 투지와 창작열에 사로잡혀 있었다.
그때의 경험을 예술가적인 열정이라고 자부할 수도 있을 것이다.
그러나 한편으론 인간에 대한 이해가 부족했음을
시인하게 되는 경험이기도 했다.

수십 년이 지난 지금까지도 난
그분들의 모습을 또렷하게 기억한다.
지친 듯 피로해 보이던 얼굴,
그럼에도 시선을 피하거나 얼굴을 붉히지 않던 당당한 태도.
그때는 그 여인들이 벌거벗은 몸으로
새파랗게 젊은 미술학도들 앞에 서기까지

얼마나 고단한 삶을 거쳤을지 헤아리거나 공감하지 못했다.
그러기에 나는 너무 어렸고, 너무 젊었다.

이제야 나는 그 여인들을 이해할 수 있을 것 같다.
예술을 위한 도구나 대상이 아니라
허울을 벗은 솔직한 모습을 위로하고 또 기댈 수도 있을 것 같다.

그리고 지금 나는
그때의 여인들과 같은 심정으로 이 글을 쓴다.
예술가 심영철을 바라보는 인간 심영철로서….
스스로를 드러내야 한다는 생각에
순간순간 막막하고 부끄러워지기도 하지만
때로는 열 마디 평보다 한 마디 작가의 말이
더 큰 울림으로 다가갈 수 있지 않을까….

나 자신을 있는 그대로 드러내는 것.
발가벗겨진 채로, 또 상처 입은 채로
그렇게 있는 그대로를 보여줄 때
비로소 통通할 수 있다는 사실을 나는 믿는다.
냉정과 열정의 계절을 지나
지금 여기, 내 삶의 정원에서 흔들리며 피는 꽃처럼
내가 만든 작품들과 그 안에 깃든 이야기들을 풀어놓으려 한다.

그것이 춤이 되고, 향기 나는 울림이 되기를 소망하며
이렇게 나는 퍼포먼스를 시작한다.
스스로 누드모델이 되어
이곳에 내 속살을 보이고 맨몸을 드러낼 것이다.

# 차 례

## 4感 또 하나의 꿈을 품고



## 5感 내려놓음



## 6感 내일을 위해 오늘을 사랑하다

# 1
# 치열한 영혼의 선물, 영감

## 또 하나의 문을 열다

철제 구조물은 가로와 세로, 높이가 각각 3미터에 달했다. 웬만한 나무의 키를 훌쩍 뛰어넘는 거대한 공간을 바라보며 나는 한동안 그 앞에 서 있었다. 남들 눈에는 빈 공간처럼 보이는 그것이 내게는 도전이자 기회였다. 그곳에 작가로서 나를 세우고 세상과 소통할 방법을 찾아내야 했다. 하지만 아직은 모든 게 막막하기만 했다. 그 안에 무엇을 채우고 무엇을 비워 두어야 할지 아무런 결정을 내릴 수 없었다. 나만의 꿈과 사유를 담아내고 싶다는 작가로서의 열망이 어쩌면 나를 더 초조하게 만들었는지도 모른다. 하늘과 땅이 만나고 현실과 상상, 3차원과 4차원의 경계가 허물어지는 공간. 나는 그 꿈의 한 페이지를 그곳에 펼쳐 놓고 싶었다.

그렇듯 철제 구조물 앞을 서성거릴 때, 불현듯 나는 걸음을 멈추고 스치듯 지나가는 영감을 붙잡았다. 갑자기 머릿속에 떠오른 그 이미지는 어떤 말로도 또렷하게 설명할 수 없었다. 그럼에도 집중하고 몰두할수록 그것의 윤곽이 보다 명확해지리라는 예감만은 확실했다. 철제 프레임에 둘러싸인 빈 공간을 바라보며 가상의 선들을 그어 보았다. 그리고 그 위에 또 다른 선과 매체를 덧입혀 보았다. 그러자 머릿속에 떠오른 구상이 유기적으로 움직이며 조금씩 구체화되어 갔다. 또 하나의 작품이 시작되는 순간이었다.

'2010 부산 비엔날레'에 초청되었다는 사실은 작가로서 자부심을 느낄 만한 것이었지만 동시에 상당한 부담감을 안기기도 했다. 또 한차례 산고를 치르며 내 안에 축적된 역량을 끌어내 그것을 작품으로 형상화해야 한다는 생각에 조금도 긴장을 늦출 수 없었다. 그때부터 고민이 시작되었다. 작품을 통해 무엇을 말할 것인지, 어떤 식으로 접근할 것인지, 그리고 어떻게 하면 새로운 변화를 모색할 수 있을지에 대한 복합적인 고민이었다. 어느덧 데뷔 20년이 넘은 작가로서 관록 있는 작품을 선보여야 한다는 중압감도 한편에서 나를 압박해 왔다.

그렇게 고뇌와 번민의 시간을 보내고 있는데, 봄날 두터운 흙을 뚫고 새싹이 움트듯 마음 한 구석에서 꿈틀거리던 창작 욕구가 드디어 내 눈을 새롭게 뜨게 했다. 그것은 초심으로 돌아가야 한다는 자각이었다. 데뷔 20년이 넘는 중견작가라는 이력에 눌려 있을 게 아니라 세상에 첫 작품을 내놓던 때처럼 패기와 도전의식부터 새롭게 다질 필요가 있었다.

내가 누구인가보다 지금 내 안에서 꿈틀거리는 에너지에 집중하기로 했다. 예술이라는 장르에는 수학공식처럼 딱 맞아떨어지는 해답이 있을 수 없었다. 늘 그렇듯 작은 영감 하나에 매달려 매체를 선택하고, 그것을 구체화해 나가면서 비로소 방향을 잡아 가기 마련이었다. 그 과정은 숱한 시행착오를 거치며 절망하고 재기하는 인간의 삶과도 닮은 점이 있었다.

작업은 그렇게 시작되었다. 거대한 철제 구조물 안에 또 하나의 새로운 정원을 창조하리라는 각오로 작품에 몰입했다. 문필가들이 새로운 돌파구를 찾으려는 처절한 몸부림 끝에 절필을 선언하듯 2010년을 열면서 선보인 이 작품은 작가로서 절필 선언에 버금갈 정도의 치열한 고민의 산물이었다. 그런 한편 중견작가라는 타이틀에서 벗어나 자유로움을 맛보는 계기가 되기도 했다. 중견작가 심영철을 내려놓고 갓 데뷔하는 청년 작가의 마음으로 몰두한 작업은 스스로에게도 신선하고 유쾌한 자극이 되었다.

나는 환골탈태하겠다는 각오를 뒷받침할 매체로 구슬을 선택했다. 물론 2000년대 들어 선보인 작품 〈모뉴멘탈 가든Monumental Garden〉에서도 구슬을 사용했지만 본격적인 매체로 구슬만을 채택한 것은 2009년의 석주 미술상 수상 기념전에서 부터였다. 매체는 곧 메시지라는 점에서 구슬은 미니멀리즘화 되어가는 현대사회를 대변할 만한 상징적인 소재였다.

구슬은 형태적으로도 다양한 매력을 갖고 있다. 그 자체로 소우주를 의미하는 동시에 가든 안과 밖을 이어주는 매개체 역할도 할 수 있다. 다가서는 형체에 따라 리플렉션Reflection(반사, 투영)되는 구球의 특성, 각도와 크기에 따라 동그란 구끼리 부딪치는 소리가 각기 다르게 표현된다는 점 또한 매력적인 요소로 다가왔다.

매체가 결정되자 머릿속에 떠오른 구상을 구체화하는 데에도 속도가 붙었다. 우선 철제 프레임에 와이어를 달고 간격에 따라 쇠구슬들을 매달기로 했다. 바닥에는 전면 거울을 깔아 또 다른 차원을 경험할 수 있도록 유도했고, 바벨탑을 연상시키는 파이프 구조물을 천장에서부터 늘어뜨려 유토피아를 향한 인간의 염원을 표현하는 것도 좋을 것 같았다.

그 후 바로 3D 작업으로 들어갔다. 3D 작업은 작품이 실제 구현되었을 때의 모습을 예측하기 위해 꼭 필요한 작업이다. 뿐만 아니라 그 과정에서 작품 재질의 무게로 인한 위험성과 안전사고, 기타 효율성 등을 신중하게 점검해 볼 수도 있다. 다행히 컴퓨터 시뮬레이션을 통해 구상대로 재현이 가능하다는 결과를 얻었다.

하지만 실제 작품이 의도대로 잘 나와줄지는 여전히 미지수였다. 고정되지 않는 구의 형태를 다뤄야 했으므로 아무래도 실제 크기로 작업을 해야만 제대로 된 느낌을 알 수 있을 것 같았다. 그렇다고 지금까지 해왔던 것처럼 구조물의 크기를 줄여 모형작업을 해 볼 수는 없었다. 비용에 대한 부담과 촉박한 작업 시간, 샘플링을 할 만한 공간이 확보되지 않았던 것이다. 부득이 이번에는 오랜 시간 작업해 오면서 터득한 감각과 시뮬레이션을 믿고 그대로 가는 수밖에 없었다.

과연 제대로 된 소리가 날지, 관람객들이 그 작품을 통해 어떤 감흥을 받을 수 있을지 작업하는 내내 고민은 계속되었다. 일정한 간격으로 철제 프레임에 쇠구슬을 매다는 동안에도 머릿속으로는 수많은 생각들이 오갔다. 3미터나 되는 높이까지 올라가 작업하는 것 또한 만만치 않은 노동이었다. "조각가는 노동의 기쁨을 즐길 수 있어야 한다"던 대학시절 은사님

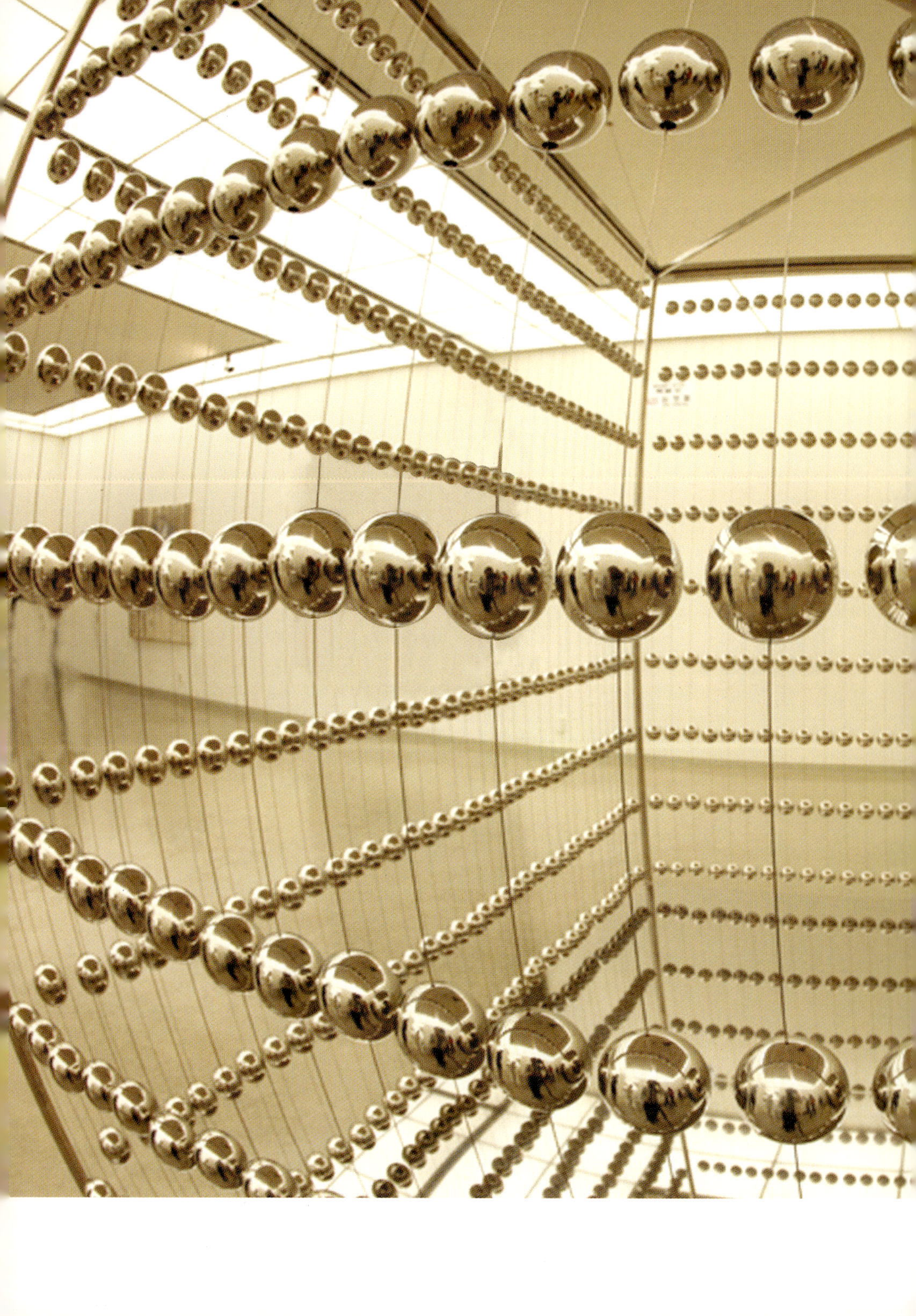

<<< 시크릿가든-소리의 형태 / 스테인리스 스틸, 빛, 와이 / 250x250x300cm / 2010

의 말이 새삼 떠오르는 순간이었다.

그렇듯 숱한 고민 끝에 드디어 작품 〈Shape of Sound〉가 완성되었다. 천장에는 하늘로부터 내려온 바벨탑이, 바닥에는 그 아래 땅속 깊은 곳까지 되비출 듯 투명한 거울이, 그리고 그 너머로 꽃이 피어나는 아름다운 공간이 완성된 것이다. 일정한 간격을 두고 와이어에 달린 구슬들은 그 피안의 세계와 바깥세상을 촘촘히 가르고 있었다. 마치 거대한 우주를 둘러싼 하나하나의 소우주, 독립된 개체처럼.

첫 전시회를 열 때보다 더 떨리는 마음으로 살며시 와이어를 건드렸다. 그러자 와이어를 따라 천여 개의 쇠구슬이 움직이며 뎅그르르 부딪쳤다. 고즈넉한 산사의 처마 끝에 매달려 정적을 깨우는 풍경처럼 그 소리는 마음 깊숙한 곳까지 스며들 듯 맑고 투명했다. 구의 형태적 특성상 다른 물체와 접촉하는 면이 적어서 더 맑은 소리가 나는 것 같았다. 그것은 정확히 내가 의도하던 사운드였다. 예술적 상상과 현실이 맞아떨어졌을 때의 그 짜릿함이라니. 의도했던 대로 되었다는 희열에 나도 모르게 탄성을 질렀다.

구슬은 와이어에 달린 높이와 부딪치는 강도에 따라 다양한 소리를 냈다. 어떤 위치에서 구슬을 밀고 구조물 안으로 들어가느냐에 따라 미묘하게 소리가 달라졌다. 안으로 들어가면 바닥의 거울과 사방에 달린 천여 개의 구슬에 내 모습이 되비쳤다. 그것은 우주 공간 속에 '나'라는 소우주, 공동체 안에서 살아가는 실존적 존재를 인터랙티브하게 표현하고자 하는 작품의 의도를 반영했다. 평면이 아닌 입체가 주는 매력은 그런 점에 있다. 여러 감각이 동원되면서 정서와 경험의 경계를 확장해 나가는 것이다.

〈Shape of Sound〉는 부산 비엔날레에서 처음으로 선보였다. 〈전자정원〉과 〈모뉴멘탈 가든〉을 거쳐 〈시크릿 가든Secret Garden〉의 연장선상에서 〈Shape of Sound〉의 시대를 여는 이 작품은 제목에서 짐작할 수 있듯이 청각에 초점을 맞춘 것이다. 거기에 구슬과 접촉하는 촉각 체험과 구슬과 거울에 비친 형상을 즐길 수 있는 시각 체험 등을 복합적으로 덧붙여 설계되었다. 초현실적이면서도 초월적인 경험을 임팩트 있게 전하기 위해 입체적인 감각을 활용하고, 다양한 경로를 통한 소통을 목표로 한 것이었다.

다행히 관람객들은 스스로 즐기는 방법을 터득한 듯 다양한 방식으로 작품을 감상했다. 어떤 이는 공간 안으로 들어가 이것저것 구조물을 살폈고, 또 어떤 이는 들어갈 때보다 한결 평안해진 얼굴로 조용히 공간 밖으로 걸어 나오기도 했다. 구슬을 만지고 건드리며 거기에 비친 자신의 모습에 즐거워하는 사람들도 있었다. 작가인 나보다 관람객들이 작품을 즐기는 방법을 더 잘 알고 있는 것 같았다.

구슬 하나하나가 소리와 감성을 지닌 픽셀이자 하나의 세계를 담은 소우주라는 설정을 알아차리지 못한다고 해도 상관없었다. 관람객들의 표정에 이미 충분한 감흥이 묻어나고 있었기 때문이다. 세상과 구별된 공간, 철제 프레임 속의 성역 안에서 마음껏 웃고 즐기는 관람객들의 움직임은 그 자체가 또 다른 퍼포먼스이자 작품의 일부를 이루었다. 비엔날레에 참가한 23개국의 작가들도 관람객의 입장에서 〈Shape of Sound〉를 감상하고 그 안에서 즉흥적인 퍼포먼스를 펼쳐 더욱 풍성한 감상의 장을 만들어냈다.

전시가 끝난 뒤에 한 관람객으로부터 동영상 파일이 첨부된 이메일을 받았다. 이메일에는 가족과 함께 부산 비엔날레에 갔다가 네 살짜리 딸과 내 작품을 인상 깊게 감상했다는 내용이 쓰여 있었다. 아이의 어머니는 유독 호기심이 많은 아이가 그곳을 떠나기 싫어해 꽤 오랜 시간을 머물렀다며 고맙다는 인사를 전해 왔다. 이메일에 첨부된 동영상에는 작은 여자아이가 〈Shape of Sound〉를 배경으로 서 있었다. 아이는 가까이에 있던 구슬 하나를 건드려 보고는 그 소리에 깜짝 놀란 표정을 지었다. 그러다가 이내 흥미를 느끼고는 또 한 번 구슬을 조심스레 건드렸다. 그러자 와이어에 달린 줄들이 일제히 가느다랗게 흔들리며 천장에 달린 바벨탑에 미세한 진동을 일으켰다. 아이는 용기가 났는지 이번에는 구슬을 밀고 철제 구조물 안으로 들어갔다. 그러더니 바닥에 설치된 거울을 신기한 듯 가리키다가 사방을 둘러싼 구슬 속에서 자신의 모습을 발견하고는 까르르 웃음을 터트렸다.

그 이메일은 그동안의 고생과 고민을 한순간에 씻어 주는 카타르시스와도 같았다. 이제는 많은 이들이 예술을 즐길 줄 아는 수준에 이르렀다는 사실을 직접 눈으로 확인하는 한편, 작가로서의 책임감을 다시 한 번 다지는 계기가 되었다. 같은 작품이지만 상황과 장소에 따라 변화시키는 작업은 2011년 일본, 인도, 독일, 태국 등의 해외 초대 전시에서도 계속되었다.

국제 행위예술제 KIPAF(강남국제 퍼포먼스 아트페스티발) 는 강남구민회관에서 개최되었다. 두 기자의 기사를 발취해보았다.

'환상몽타쥬 아트 콘서트' 라는 이름으로 열리는 이번 페스티벌은 설치미술과 행위예술, 공연이 결합된 신개념 미술제. 총감독은 수원대 미대 심영철 교수가 맡았다. 그 자신이 설치미술가이자 행위예술가인 심영철 교수는 멕시코의 마틴 렌테리아, 에스토니아의 루벤스, 중국의 한빙 등 6개 팀 10명의 작가와 함께 설치미술, 춤, 음악, 행위예술 등을 선보인다.

이번 미술제는 라이브 아트 방식으로 진행된다. 참여 작가들은 태초 인간의 순수한 원형에서부터 현대문명 속에서 번뇌하고 대립하는 과정 그리고 평화로운 유토피아에의 갈구 등을 총 4막에 담는다.

심영철 교수는 설치미술과 함께 퍼포먼스를 펼친다. 찬란한 빛을 뿜어내는 은빛 공이 매달린 공간에선 천상의 소리가 퍼져 나온다. 인간이 쫓겨난 에덴동산이다. 그 잃어버린 곳을 꿈꾸며, 억압과 편견으로부터의 해방을 설치 작품과 춤, 소리를 통해 보여줄 계획이다. 작품명은 '소리의 형상'.

그간 조각, 유리 작업은 물론, 3차원 영상, 홀로그램, 전자음향 등 첨단 과학을 활용한 테크놀로지 아트 '모뉴멘탈 가든' 연작으로 유명한 심 교수는 "가장 원초적인 예술인 춤과 소리를 통해 더욱 풍부하고 입체적인 예술이 가능하다."고 강조한다. 그는 "나는 작품전을 할 때마다 퍼포먼스를 곁들인다. 어릴 때 발레와 춤을 익히기도 했지만 조형적·음악적 요소로 드러낼 수 없는 것이 퍼포먼스로 가능하기 때문"이라며 "미술, 음악, 무용의 통합을 통해 현대인의 오감을 자극하고 싶다."고 밝혔다.

사실 현대미술의 엄연한 한 장르임에도 국내에선 퍼포먼스 아트가 잘 시도되지 않아 이번 미술제는 관심을 모으고 있다. 더구나 관객 참여를 적극 독려하는 개방예술을 지향하고 있어, 보수적 고급 예술만 편식해온 서울 강남에서 아방가르드 예술이 어떤 파장을 일으킬지 귀추가 주목된다.

–헤럴드 선임기자 이영란

"은빛의 둥근 공에서 나오는 소리로 에덴동산을 형상화했습니다. 기쁨이 형성되는 과정을 소리로 묘사한 공연이지요. 보수적인 강남 사람들에게 아방가르드 아트를 보여주고 싶어요." 오는 28일 강남구민

<<< 시크릿가든-소리의 형태 / 스테인리스 스틸, 빛, 와이어 / 250x250x300cm / 2010

회관에서 '강남 인터내셔널퍼포먼스 & 아트페스티벌' 행사를 여는 심영철 수원대 교수는 "관객이 공연에 적극적으로 참여하도록 하는 개방 예술을 통해 고급 문화예술의 중심지에 아방가르드 문화를 소개하기 위해 이 행사를 기획했다."고 말했다.

그는 1990년대부터 버섯 이미지를 차용해 3차원 영상과 홀로그램, 터치 스크린, 전자 음향, 유리 등으로 설치작업 '전자 정원' 시리즈를 발표해왔다. 2007년 중견 여성 미술가들에게 주는 석주미술상 수상자로 선정돼 실력을 인정받았다. 그는 퍼포먼스를 통해 자신의 사진을 조각·설치 작업 등으로 확장시켜왔다. "몸의 행위나 제스처는 제가 작업하는 방식입니다. 에덴동산에 대한 동경을 작품에 끌어들인 것이죠. 1950~1960년대를 풍미하던 잭슨 플록의 액션 페인팅을 더 확장하고 재해석해낸 작업이라고 할까요."

심씨의 퍼포먼스 작품은 '소리의 형상'. 둥근 공에서 나오는 천상의 소리에 억압과 편견, 부자유로부터의 해방과 구원을 담아냈다. 그는 순수와 대중, 고급과 저급의 서열적 구분을 극복하기 위한 탈경계 의지로 대중성과 표현성을 중시하고 멀티미디어와 같은 전자적 대중 소통 매체를 적극 활용한다. 기독교 정신을 근간으로 영적인 세계와 육체에 속한 것들을 가시적인 형태로 발전시키는 데 초점을 맞춘 것.

그는 "아무 의미없이 들리는 소리나 현란한 색깔의 흔적을 행위예술로 잡아내면서 현대인들의 반문화적인 현상을 비춘다."고 말했다. 소통이 차단된 반문화적 언어를 통해 현대인의 속성을 채집한다는 것이다. 그의 퍼포먼스는 작품 경향으로 볼 때 사운드 아트의 면모를 드러낸다.

어린 시절 무용 콩쿠르에서 상을 받을 정도로 발레리나의 재능을 갖춘 그는 미술,몸짓,음악을 통해 모든 것을 표현할 수 있다고 생각한다.

그는 오감을 충족시키는 요소가 음악,미술,무용의 통합적인 형태라고 설명했다. 이번 행사를 위해 오전 4시 반에 일어나 8개월 동안 작업에 매달렸다는 그는 "행위예술에 대한 문화적 프리즘을 더 넓혀주고 싶다."고 강조했다.

「심영철의 환상 몽타쥬-설치영상 포퍼먼스 아트 콘서트」 김경갑

오늘도 나는 예술에 미쳐 작업장으로 향한다. 내 안에 무엇이 들어 있는지, 이번엔 어떤 카드를 꺼내야 할지 몰두하는 일은 늘 그렇듯 즐겁고 흥분되는 경험이다. 어떤 고단함이 기다리고 있을지 잘 알면서도 걸음을 늦추지 않는다. 완성된 작품이 선사하는 희열과 예술적 감흥을 포기할 수 없는 까닭이다. 천천히 고개를 들고 빈 공간에 가상의 선을 한 획 내리긋는다. 거기에 또 하나의 선을 잇대며 눈앞에서 어른거리는 꿈과 사유를 조금씩 형상화해 나간다. 언제든 늘 쉽지 않은 작업이지만, 언젠가는 내 앞에 또 나만의 작품이 탄생하겠지.

<<< 시크릿가든-소리의 형태 / 스테인리스 스틸, 빛, 와이어 / 300x300cm / 2009

## ■■■ 내 감성의 팔 할을 빚진 곳

서울특별시 종로구 수송동. 대한민국 수도 서울의 심장부이자 육백 년 고도의 흔적이 공존하는 곳이다. 그러나 수송동이라는 이름을 들을 때면 난 어떤 아이의 모습부터 떠올리게 된다. 호기심 어린 눈으로 이제 막 대문을 밀고 나서는 여자아이. 내 어린 시절에 대한 기억은 바로 그 장면에서부터 시작된다.

내가 사는 집 뒤편에는 조계사가, 그 옆으로는 옛 정취가 어우러진 인사동 거리가 자리 잡고 있었다. 나는 특히 조계사의 대웅전 앞에 있는 백송白松 근처에서 놀기를 좋아했다. 나무껍질에 아련한 흰빛이 감돌던 그 희귀한 소나무는 사철 푸르른 모습으로 어린 나를 맞이하곤 했다. 한결같이 제자리를 지키면서도 계절과 바람에 따라 유연하게 나뭇가지를 흔들면서.

낡고 오래된 것에서 새로움을 발견하고, 그것을 내가 속한 시대의 방식으로 풀어낼 수 있었던 데에는 아마도 그러한 환경적인 요인이 작용했을 것이다. 말하자면 나라는 사람의 형질이 빚어진 장소가 바로 서울의 종로,

수송동이라고나 할까.

어릴 적, 대문을 밀고 나설 때면 어머니는 어디에 가는지 물었다. 그러면 나는 눈을 빛내며 집 뒤의 큰 절이라든지, 그 절 안에 있는 흰 소나무에 대해 이야기했다. 그러고는 덧붙여 말했다. 그곳에는 나만 아는 특별한 재미가 있다고.

어려서부터 나는 혼자서 보내는 시간이 많았다. 또래의 아이들과 우르르 몰려다니며 노는 것보다 혼자 노는 것이 더 좋았다. 혼자가 되어야만 뭔가 다른 것이 보인다는 사실을 어렴풋하게나마 깨닫고 있었는지도 모른다. 친구들과 어울려 법석을 떨어댈 때는 보이지 않던 것, 생각지도 못했던 것들이 혼자 있을 때면 마치 말을 걸듯 한 발짝 가까이 내게 다가왔다.

그 이름 모를 것들에 손을 내밀고 귀를 기울이면서 나는 나만의 감성을 키워나갔다. 엄격한 학습도, 정확하게 외워야 하는 암기 공부도 아니었기에 가능한 일이었다. 동네 놀이터를 다니듯 조계사와 인사동을 드나들었고, 그렇게 내가 사는 곳의 분위기와 정취에 단단히 사로잡혔다.

특히 조계사는 오감을 자극하는 놀이터였다. 고운 흙으로 덮인 뜰을 밟고 들어서던 순간, 발밑에 와 닿던 보드라운 감촉은 오랜 세월이 흐른 지금까지도 쉽게 잊히지 않는다. 그건 단단한 콘크리트나 대리석을 딛고 살면서는 결코 경험할 수 없는 느낌이었다. 사찰의 고요한 분위기 또한 인상적이었다. 은은하게 들려오는 목탁 소리, 스님들이 불경 외우는 소리를 배경으로 어떤 날은 후드득 빗줄기가 쏟아지기도 했고, 또 어떤 날은 단

풍이 붉게 물들기도 했다. 소리 없이 흰 눈이 내려 한 폭의 수묵화 같은 풍경이 펼쳐지는 날도 있었다.

조계사의 앞마당에서 바라보는 일몰 즈음의 풍경도 장관이었다. 아직도 난 저녁노을이 조계사를 처마 가장자리부터 노랗게 물들여 가던 고즈넉한 풍경을 또렷이 기억한다. 시시각각 변해 가는 노을빛 아래에서 사찰은 뒤척이듯 미세한 색의 변화를 드러냈고, 그 특별한 색감을 숨죽이며 올려다보곤 했다. 스님들은 그런 내가 신기한 듯 이따금 말을 걸어왔다.

"애야, 뭘 보고 있는 거니?"

"저기, 저 위의 색깔들을 보고 있어요."

"어디? 오호라. 단청을 보고 있는 게로구나."

"예, 참 예쁘죠?"

"그래. 그런데 너, 여기 혼자 온 거니?"

"예."

"허허, 고놈 참!"

스님들의 질문에 대답을 하면서도 내 시선은 계속 단청을 향해 있었다. 목조 건물에서 느껴지는 고아한 느낌과는 달리 단청에는 색과 색이 부딪치는 듯한 강렬함과 신비로움이 남아 있었다. 청靑, 적赤, 황黃, 백白, 흑黑. 다섯 가지 오방색五方色으로 무늬를 그려 넣은 단청은 지붕 아래에 또 다른 세계를 숨기고 있는 것처럼 보였다. 사실 그때만 해도 그 색깔들을 오방색이라고 부른다거나 하나하나의 색에 음양오행의 사상이 깃들어 있다는 사실 같은 건 알지 못했다. 그저 그 색채들이 어우러져 자아내는 오묘함과 신비감에 시선을 빼앗겼을 따름이다.

그러다 지루해지면 인사동으로 향했다. '애늙은이' 라는 별명으로 불리던 나에게는 당연한 수순이었다. 그때만 해도 인사동 골목에는 고풍古風이라는 게 남아 있었다. 본격적으로 미술 문화의 거리가 조성되는 시기이기도 해서 보기 드문 작품들을 구경할 기회가 많았다. 갖가지 색으로 누빈 조각보와 진기한 골동품, 화랑에 전시된 미술품은 보는 것만으로도 가슴이 설레고 두근거렸다. 자연스럽게 책을 접하는 통로가 되었던 책방 역시 내 순례 코스 중 하나였다.

그렇듯 인사동 골목과 조계사를 돌아다니는 동안 내 안의 감성도 한 뼘씩 자라났다. 기독교 신앙을 가지게 되면서 조계사와는 인연이 멀어졌지만 내가 지금 여기에 이를 수 있었던 데에는 유년 시절 조계사와 인사동 일대를 다니며 보고 들었던 그때의 경험들이 자리하고 있다. '가든' 을 주제로 한 일련의 작품 속에 드러난 것처럼 화려한 꽃과 짙고 선명한 색감, 고즈넉하며 명상적인 정원 분위기는 모두 그 시절에서 비롯되었다.

사람들이 내 작품에서 한국적인 감성을 느끼게 된다고 말하는 것도 어쩌면 그 때문인지 모른다. 내 안에 독특한 지문처럼 축적된 정서와 감성이 작품을 매개로 사람들과 감응하고 있는 것이다. 예술품을 통해 정서와 감성을 공유하고 소통한다는 것. 아마도 예술의 힘은 그런 데 있는 게 아닐까.

한 인간이 살아온 시간의 선線과 공간의 결은 아이를 어른으로 키우고 성장시킨다. 내 경우에는 그 감성의 팔 할을 종로구 수송동에 빚지고 있다. 조계사와 인사동 골목이 있는 바로 그 동네에 말이다. 오랜 시간이 흐른 지금도 그처럼 내 기억 속의 아이가 여전히 같은 모습인 까닭은 그 때문일 것이다. 이제 막 대문을 밀고 나서는 작은 여자아이. 그 아이는 오늘도 그렇게 호기심으로 두 눈을 빛내며 세상 속으로 걸어 들어간다.

## ■■■ 자유로움의 세계를 엿보다

"막내야, 뛰자!"

평소에 큰 소리 한번 낸 적 없던 어머니였다. 뭔가 다급한 일이 있는 듯했다. 나는 얼결에 어머니의 옷자락을 잡고 신발을 꿰어 신었다. 하지만 어린 나로서는 어머니를 따라 달음질하는 일이 아무래도 버거웠다. 그러자 어머니가 어서 업히라며 등을 내밀었다. 어디에서 그런 힘이 났는지 나를 업고 달리기 시작했다. 눈앞에서 흔들리는 햇빛과 귓가를 스치는 바람소리에 나는 어머니의 어깨를 끌어안은 채 웃음을 터트렸다. 비눗방울처럼 가벼워져 금방이라도 어딘가로 날아갈 것 같은 기분이었다. 이따금 뒤를 돌아보는 어머니의 표정 역시 흐뭇한 미소에 싸여 있었다.

이윽고 어머니가 나를 내려놓은 곳은 시내 중심가에 있는 극장이었다. 나는 어머니를 따라 주춤주춤 극장 안으로 들어갔다. 커다란 무대와 객석을 밝힌 화려한 조명에 입이 떡 벌어졌다. 무대에는 아직 두꺼운 커튼이 쳐져 있었지만 가슴은 벌써부터 두근거리고 있었다. 책에서 보던 호동왕자와 낙랑공주를 창극으로 볼 거라는 어머니의 말에 나는 무턱대고 박수를 쳤다. 창극이라는 게 뭔지 몰랐지만 곧 근사한 구경을 하게 되리라는 생각에 한껏 들떠 있었다.

드디어 커튼이 올라가고 극이 시작되었다. 배우들은 하얗게 분칠한 얼굴에 색색의 화장을 하고 무대 위에 나타났다. 지금 생각하면 당시 배우들의 모습은 중국의 경극 배우나 일본의 가부키 배우와 흡사했다. 하나같이 화려한 무대 세트만큼이나 과장된 분장을 하고 있었다. 그러나 그 당시 나에게 그것은 신선한 경험을 오래 유지시켜줄 플러스 알파였다

이윽고 배우들은 밝은 조명 아래 서서 호동왕자와 낙랑공주의 사랑 이야기를 펼쳐 보였다. 무대를 오가면서 어떤 대목에서는 애절한 노래를, 또 어떤 대목에서는 격렬한 몸짓과 대사를 쏟아냈다. 연기와 대사, 노래가 어우러진 창극은 어린 내게도 강한 인상을 남겼다. 그것은 책으로 읽던 것과는 전혀 다른 차원의 문화적 충격이었다. 나는 배우들의 신들린 듯한 연기에 몰입해 점점 극 속으로 빨려 들어갔다.

어느덧 극은 클라이맥스를 향해 치달았다. 낙랑공주가 자명고를 찢는 장면에 이르러 둥! 둥! 둥! 북소리가 크게 울렸다. 관람객을 삼켜 버릴 듯 증폭되는 북소리에 나는 손에 땀을 쥐었다. 그러다 문득 옆자리의 어머니를 돌아보았다. 어머니는 나보다 더 긴장한 얼굴로 무대를 바라보고 있었다. 무대 위에서 펼쳐지는 이야기에 완전히 몰입해 있었던 것이다. 마치 자신이 사랑하는 사람을 위해 조국을 배신한 낙랑공주라도 된 것처럼. 어머니는 연극이 끝날 때까지 그렇게 무대만 뚫어져라 바라보았다.

그날 집으로 돌아오면서 어머니가 바라보던 무대 위에 내가 서 있었다

<<< 모뉴멘탈가든 / 스테인리스 스틸, 특수칼라 / 230x230x170cm / 2008

면 어땠을까 생각했다. 극장에서 본 배우들처럼 막연하나마 누군가를 감동시키는 연기와 춤을 펼치고 싶다는 바람이었다. 그때부터 나는 무대 위에 선 내 모습을 상상하며 머릿속에 떠오른 상상을 몸의 움직임으로 옮겨 보곤 했다. 보이지 않는 생각을, 혹은 눈에 보이는 어떤 사물을 나만의 표현으로 바꾸는 일에는 이제껏 경험해 보지 못한 신선한 재미가 있었다. 자유롭게 무언가를 표현하는 순간만큼은 살아 있다는 사실, 공기를 호흡하는 육체로 살아가고 있다는 사실을 생생하게 실감할 수 있었다.

어쩌면 나는 그때 어렴풋이나마 깨닫고 있었는지 모른다. 평생 끝없이 자유로움을 갈구하고 그것을 성취하며 살아가게 되리라는 사실을.

물론 춤이 아닌 미술로 분야가 바뀌기는 했지만, 자유로움이야말로 모든 예술의 근원이라는 점에서 그 둘은 결국 같은 곳에 뿌리를 두고 있다. 그래서 주위 사람들이 이 일을 시작하게 되었는지 질문할 때마다 나는 어머니와 함께 극장에 앉아 있던 그날 오후를 되새기곤 한다. 난생 처음 자유로움의 세계를 엿보던 그날의 기억들을 떠올리는 것이다.

# ▪▪▪ 미리 누려 본 천국

우리 집은 언제나 사람들로 북적였다. 사업을 하는 아버지 주변에는 늘 사람이 끊이지 않았고, 집까지 찾아오는 손님들로 문턱이 닳을 정도였다. 아버지는 여러 분야의 사업을 병행하느라 외국 출장이 잦았지만, 바쁜 와중에도 항상 깔끔하게 슈트를 차려입는 신사였다. 아버지는 성공한 사업가로서 맺고 끊음이 분명한 이성적인 분이었다. 그러면서도 유행가 가락을 흥얼거리며 풍류를 즐길 줄도 알았다. 늘 최고가 아니면 안 된다는 완벽주의자이기는 했으나 적어도 멋진 아버지였다는 것만은 틀림없는 사실이다.

그에 반해 어머니는 온화하고 자애로운 분이었다. 가사를 돌보거나 책을 읽는 데 대부분의 시간을 보낼 만큼 차분한 성품을 지녔고, 집안에 늘 음악을 틀어 놓을 만큼 예술적 감성을 가진 분이기도 했다. 여느 어머니들처럼 당신의 자녀들에게 헌신적이었으나 극성스레 나서서 큰소리를 내는 법은 없었다. 망친 시험지를 받아와도 어머니는 화를 내기보다 풀 죽은 자식의 머리를 먼저 쓰다듬었다.

"이 정도면 잘 했는데, 뭘."

그런 어머니에게 뭔가를 숨긴다는 건 애당초 불가능한 일이었다. 굳이 숨기고 싶은 일도, 숨겨야 할 일도 없었으므로 나는 모든 비밀을 어머니와 공유했다. 어머니가 손수 짠 스웨터를 입었고, 어머니가 만들어 주는 따뜻한 음식을 먹고 자랐다. 밖에서 어떤 실패를 해도 크게 두려워하거나 절망하지 않았다. 언제든 집으로 돌아가면 나를 받아 주고 격려해 주는 어머니가 있었기 때문이다.

공교롭게도 그런 어머니의 성향을 형제 중 내가 가장 많이 물려받았다. 나는 어머니 옆에 앉아 책을 읽으며 이야기 속의 인물들에 대해 이야기하기를 좋아했다. 내게 애늙은이라는 별명이 붙게 된 것도 모두 그 때문이었다.

한마디로 아버지가 가정이라는 큰 배의 항해키를 잡은 선장이었다면 어머니는 늘 한결같은 빛으로 길을 내어 주는 등대 같은 분이었다. 바깥일로 바쁜 가운데도 가족에게 최선을 다하며 예술 방면에 탁월한 감식안을 보여 주었던 아버지, 앞에 나서기보다는 뒤에서 조용히 가족을 챙기던 어머니는 이상적인 부부상과 가정상을 몸소 보여 주었다. 경제적인 여유도 영향이 없지는 않았겠지만 어린 시절의 그 따뜻하고 안온한 정서는 물질적인 풍족함에만 기댄 것은 아니었다. 사람들이 내 작품을 통해 평안함과 안온함을 느낀다고 말할 때마다 부모님에게 감사한 마음이 든다. 관람객과 평론가들이 자주 거론하는 내 작품의 인간적 정서는 바로 그분들로부터 받은 것이기 때문이다.

행복한 가정은 미리 누리는 천국이라는 말에 전적으로 공감한다. 우리가 천국에 대해 꿈꾸고 소망하는 것들이란 아마도 이 세상에서 경험한 행복한 기억의 연장선상에 놓여 있다고 생각한다. 그만큼 행복한 가정을 통해 받은 감동과 기쁨은 가족 모두에게 크고 강렬한 영향을 미친다. 특히 예술가들의 경우에는 그 영향과 파장이 더 클 수밖에 없다. 예술가들은 자신이 지나온 삶의 여정과 경험을 통해 영혼의 색을 갖추고, 그 영혼이 이끄는 방향을 따라 살아가는 이들이기 때문이다. 모든 예술가들의 작품이 자전적일 수밖에 없는 이유도 바로 거기에 있다.

‹‹‹ 모뉴멘탈가든 / 스테인리스 스틸, 특수칼라 / 300x300x300cm / 2008

# ▪▪▪ 순간에 담긴 영원

북소리와 징소리가 사방에 요란했다. 외할머니 손에 이끌려 간 그곳에서는 굿판이 벌어지고 있었다. 처음 본 굿판은 낯설고 섬뜩했다. 도포에 갓을 쓴 사람은 남자인지 여자인지조차 알아보기 힘든 모습이었다. 그는 떡 벌어지게 차려 놓은 상을 향해 연거푸 절을 하고 있었다. 손에 든 부채를 접었다 폈다 하면서 뭔가를 계속 중얼거렸다. 주위를 둘러싼 사람들은 뜻밖에도 하나같이 엄숙한 얼굴이었다. 무속신앙에 관심이 많던 외할머니 역시 내 손을 꼭 쥔 채 미동도 하지 않았다.

나는 외할머니를 올려다보며 여기에 왜 왔느냐고 물었다. 하지만 외할머니는 조용히 하라며 나를 단속할 뿐이었다. 그 사이에도 도포 차림의 사람은 목소리를 높이며 속사포처럼 말을 쏟아냈다. 모두들 그 모습에 집중하고 있는 걸 보면 거기에 뭔가 중요한 의미가 있는 것 같았다. 이상한 목소리로 긴 말을 늘어놓는 사람과 숨죽인 채 그 말에 귀 기울이는 사람들. 오색 천으로 둘러싸인 무대 위에서 그는 징과 북소리에 맞춰 소매를 펄럭이며 춤을 추었다.

그런데 신명나게 몸을 흔들던 그가 갑자기 움직임을 멈췄다. 그러자 상황을 지켜보던 어른들이 덩달아 수런거렸다.

"무당이 작두 탄다, 작두!"

작두가 무엇인지는 알지 못했지만 곧 무슨 일이 벌어지리라는 것만은 확실했다. 아니나 다를까. 무당은 굿판 앞에 놓인 커다란 칼에 다가섰다. 음악과 춤이 아닌 또 다른 퍼포먼스가 시작되는 순간이었다. 무당은 둥둥거리는 북소리와 함께 천천히 작두 위에 올라섰다. 찬물을 끼얹은 듯 한순간 분위기가 가라앉았다. 나는 침을 꼴깍 삼키며 무당을 쳐다보았다. 무당은 칼 위에 서서 균형을 잡더니 한 발 한 발을 떼며 앞으로 나아갔다. 그러다가 별안간 그 위에서 풀쩍 뛰어올라 춤을 추기 시작했다. 저러다 크게 다치는 게 아닐까 걱정이 되었지만 무당은 마치 혼이 빠져나간 사람처럼 허공과 작두 사이를 오갈 뿐이었다. 잠시 뒤, 그는 땀투성이가 되어 작두에서 내려왔다.

굿판의 마지막 하이라이트는 깃대 점이었다. 다섯 가지 방위를 상징하는 오방색 깃대 끝을 모아잡고 사람들에게 그중 하나를 뽑게 함으로써 길흉을 점치는 것이었다. 무당은 오방기의 깃대 끝을 쥔 채 사람들 앞으로 바짝 다가왔다. 그러더니 내게 다가와 불쑥 깃대를 내밀었다. 갑자기 벌어진 상황에 눈앞이 캄캄해졌다. 금방이라도 쓰러질 것처럼 다리가 후들거렸다. 짧은 순간이었지만 그때 느낀 긴장감과 떨림은 지금까지도 고스란히 떠오를 정도이다.

"내가 뽑지요."

다행히 할머니가 대신 나서서 깃대 끝 하나를 집었다. 할머니의 손에 딸려 나온 것은 붉은 깃발이었다. 무당은 할머니에게 덕담을 하며 그것을 크게 휘두르라고 일렀고, 할머니는 손에 잡힌 붉은 천을 고분고분히 허공에 휘저었다. 뭐가 뭔지 알 수 없었지만 할머니의 흡족한 표정을 보니 나쁜 징조는 아닌 듯했다.

그날의 굿판은 그렇게 마무리 되었다. 할머니도 홀가분한 표정으로 아무 일 없었다는 듯 내 손을 잡고 집으로 돌아왔다. 하지만 그날 받은 섬뜩한 충격은 오랫동안 잊히지 않았다. 북소리와 징소리, 허공에 휘날리던 오방색의 천들, 그리고 작두를 타던 무당의 모습이 아무 때고 눈앞에 어른거리곤 했다.

그날 느낀 충격과 긴장감은 고스란히 감성에 스며들어 여러 부분에서 발현되기도 했다. 초등학교 시절, 처음 그림을 시작했을 때의 일이다. 선생님은 내가 그린 그림을 물끄러미 보더니 이렇게 물었다.

"영철아, 어떻게 이런 색깔을 대비시켰니?"

"그냥요. 머릿속에 이미지가 떠오르면서 저도 모르게 이런 색깔들을 선택했어요."

"너도 모르게? 이런 색의 대비는 네 나이에서 나올 수 있는 게 아닌데…."

선생님은 오방색을 선택하여 강하면서도 선명한 이미지를 표현한 내 그림에 특별한 인상을 받은 것 같았다. 어쩌면 그 그림에서 어릴 적, 내가 굿판 앞에서 느꼈던 떨림과 긴장감을 읽어 내셨는지도 모를 일이다.

오랜 시간 뒤에 우연히 신윤복의 〈무녀신무〉라는 그림을 본 적이 있다. 그 그림에는 부채와 방울을 손에 든 무녀가 양팔을 벌린 채 춤을 추는 모습이 담겨 있다. 그림 왼편에는 여인들과 악사가 진지한 표정으로 무녀를 올려다보고 있고, 한 사내는 담 너머로 초가집 마당에 펼쳐진 굿판을 엿보고 있다. 그것은 내가 본 굿판보다 규모는 훨씬 작지만, 굿판을 둘러싼 모든 흥분과 움직임을 충실하게 담아내고 있다. 가만히 그림을 바라보고 있자니 그곳을 떠들썩하게 뒤흔들었을 북과 징소리, 사람들이 침을 삼키며 긴장하는 모습조차 손에 잡힐 듯 선명하게 떠올랐다. 어쩌면 그건 어릴 적, 내가 직접 보고 들은 경험 덕분인지도 몰랐다.

예술은 이처럼 온갖 경험들을 자양분 삼아 스스로의 세계를 확장해 나간다. 어릴 적 굿판에서 마주친 한순간의 기억이 예술가의 영혼에 긴 흔적을 남기고, 소재나 특유의 분위기로 자신이 지나온 시간을 작품에 투영하기로 한다. 그러니 예술가라면 무엇이든 부딪치고 경험하기를 주저하지 말아야 한다. 한순간 스치듯 지나는 인상 속에 영원의 흔적이 새겨지기도 하고, 화로에 담긴 불씨처럼 또 다른 창작열을 일으키는 힘이 되는 법이므로.

# ■■■ 호기심 유전자

우리 집 신발장에는 구두가 많다. 패션은 발끝에서 완성된다는 생각에 구두를 사 모은 이유도 있고, 구두에 대한 내 남다른 추억 때문이기도 하다. 기억은 초등학교 시절로 거슬러 올라간다. 자의는 아니었지만 나는 여러 면에서 튀는 학생이었다. 새 학년이 되어 새로 배정받은 반으로 갈 때마다 뒤에서 수군거리는 소리를 적지 않게 들어야 했다.

"재, 우리 반 됐네?"

나는 아이들의 흘깃거리는 시선에도 담담했다. 워낙 조숙했던 탓도 있었지만 부끄러움을 많이 타는 성격이어서 그저 잠자코 있었던 것도 그 이유 가운데 하나였다. 게다가 말이 많은 편도 아니었다. 아이들과 어울려 놀거나 뛰어다니기보다 책상에 앉아 책을 읽거나 생각에 잠겨 있을 때가 더 많았다. 자연히 친구들과 말을 섞는 일도 드물었다. 그런데도 이상하게 나는 튀었다. 그건 내가 또래들과 다른 인상을 가진 탓이었는지도 모른다. 내게는 자연스럽고 필연적인 일들이 아이들에게는 유별나고 특이하게 비쳤던 것이다. 이를테면 구두도 그런 인상을 특징짓는 요소 가운데 하나였다.

<<< 모뉴멘탈가든 / 스테인리스 스틸, 홀로그램, 조명, 자갈 / 가변설치 / 2002

당시 대부분의 아이들은 운동화를 신었다. 하지만 나는 공주풍의 드레스에 꽃분홍색 에나멜 구두를 신었다. 다른 아이들 눈에는 반짝거리는 에나멜 구두가 부럽기도 하고 슬며시 질투도 나지 않았을까. 나 역시 그 구

두를 처음 보던 날, 그처럼 설레는 기분이었으니 말이다.

어머니는 그 반짝거리는 에나멜 구두를 내 발에 직접 신겨 주었다. 예쁘다며 흐뭇해하는 어머니 앞에서 나는 정말 공주라도 된 양 팔짝거리고 제자리를 빙그르 돌기도 했다. 예쁜 구두가 마음에 쏙 들기도 했지만 새로운 것을 처음 경험한다는 짜릿함도 좋았다. 설령 그것이 에나멜 구두가 아닌 다른 것이었대도 나는 거기에서 새로운 면을 발견하고는 눈을 빛냈을 것이다. 내 호기심은 모든 것을 향해 늘 활짝 열려 있었다.

내가 그런 성향을 가지게 된 데에는 부모님의 영향이 컸다. 부모님은 무엇이든 새로운 것이라면 제일 먼저 나서서 자녀들이 경험할 수 있도록 했다. 바나나가 수입되어 국내에 들어왔을 때는 새벽부터 신세계백화점 앞에 줄을 서서 바나나를 맛보게 해 주었다. 한번은 외국 출장을 다녀온 아버지가 어머니에게 최신상품 속옷이라면서 삼각팬티를 내민 적도 있었다. 그때만 해도 한국에서 삼각팬티는 흔히 볼 수 있는 속옷이 아니었다. 당연히 어머니도 아버지가 내민 속옷 꾸러미를 받아들고 난감해했다.

"막내야. 이거 한번 입어 봐."

"엄마, 이게 뭐야?"

"삼각팬티라는데. 지금 입은 거랑은 많이 다르지?"

호기심이 발동한 나는 팬티를 받아 들고 내 방으로 달려갔다. 그러나 막상 펼쳐든 팬티는 한눈에 보기에도 너무 작았다. 어떤 방향으로 어떻게 입어야 하는 것인지 종잡을 수도 없었다. 나는 어머니와 마주 앉아 궁리했다. 원래 이렇게 생긴 게 맞는지, 왜 이렇게 바짝 조이게 만들어 놓았는지 모르겠다며 고개를 갸웃거리다가 제풀에 웃음을 터트렸다. 그런 반응은 뒤늦게 귀가한 언니들 역시 마찬가지였다.

삼각팬티 사건 이후로도 아버지는 끊임없이 새로운 문화를 실어 날랐다. 외국에 나갈 기회가 생기면 꼭 우리 형제들을 데리고 다니며 많은 것을 보고 접하게 했다. 지금 생각해 보면 그건 아버지로서 자녀들에게 줄 수 있는 최고의 선물이었다. 아버지는 책에서 보고 읽던 것들을 직접 가서 보고 듣게 하는 게 얼마나 큰 자극이 되고, 경험적 자산이 되는지 알고 있었다. 훗날 예술가의 길을 걷게 된 뒤에도 그때의 경험은 창작욕을 불러일으키는 근원적인 체험으로 작용했다.

그래서인지 지금도 나는 다른 이들에 비해 새로운 사물, 새로운 환경에 대한 두려움이 없는 편이다. 오히려 기회를 찾아 적극적으로 접해 보려고 노력한다. 매일매일 새로움으로 한계를 허물고 나 자신의 폭을 넓혀 가는 일을 즐겁고 신선한 자극으로 여긴다. 경험에 갇히지 않고 새로움을 향해 눈을 뜨고 있는 한 매순간 생생한 현재를 살 수 있기 때문이다. 아버지가 그랬고, 어머니가 그랬던 것처럼. 그러니 어쩌면 이건 나와 우리 가족의 기질이라고 해야 할지도 모르겠다. 가계에 흐르는 호기심 유전자라고나 할까. 늘 새로움을 추구해야 하는 예술가에게는 반드시 필요한 유전자를 나는 어려서부터 축복처럼 선물 받은 셈이다.

## 기적처럼, 선물처럼

객석에는 수많은 사람들이 앉아 있었다. 하지만 그 많은 이들 중에서도 어머니의 얼굴만은 클로즈업이라도 된 것처럼 한눈에 들어왔다. 어머니는 지난밤 내 무용복을 만드느라 잠 한숨 이루지 못했음에도 피곤한 기색 없이 무대를 바라보고 있었다. 그 앞줄에는 변함없이 나를 격려하고 응원해 준 친구 영희도 앉아 있었다. 나는 객석을 바라보며 고마운 사람들의 얼굴을 하나하나 떠올렸다. 내 숨은 재능을 발견해 무용의 길로 이끌어 준 선생님, 마냥 흡족한 얼굴로 나를 바라보던 아버지…. 내가 무대에 설 수 있는 건 모두 이분들 덕분이었다.

드디어 사회자가 내 이름을 호명했다. 나는 긴장을 풀기 위해 심호흡을 하며 무대로 향했다. 그때 통로에 서 있던 선생님이 다가와 내 어깨에 손을 얹었다.

"네 차례야. 올라가서 마음껏 놀아 봐."

선생님의 격려 덕분이었을까. 정작 무대 위에 오르자 가슴을 짓누르던 긴장감이 온데간데없이 사라졌다. 빈 무대 위에 나 혼자뿐이라는 사실이 두렵기보다는 홀가분하고 자유로웠다. 그 자유로움을 향해 천천히 손과 발을 뻗었다. 스피커에서 흘러나오는 음악에 고스란히 몸을 맡겼다. 그러자 나도 모를 힘이 차츰 솟구쳐 오르면서 춤사위에 역동적인 활력이 붙었다. 조명에 흔들리는 내 그림자와 무대를 텅텅 울리는 내 발소리, 심지어 무대 위의 나를 둘러싼 공기의 흐름까지도 손에 잡힐 듯 생생했다. 그 순간 무대는 내 것이었고, 나는 곧 춤이었다.

퍼뜩 정신을 차렸을 때는 박수가 터져 나오고 있었다. 나는 객석을 향해 수줍게 인사를 한 뒤 무대를 내려왔다. 조금 전까지 무대를 휘젓던 당당함은 금세 어딘가로 사라져 버렸다. 무대에서 내려온 나는 그저 부끄러움 많은 중학생일 뿐이었다.

어느덧 대회가 마무리되어 결과를 발표하는 시간이 되었다. 평소 엄하기만 하던 선생님도 그때만큼은 내 손을 꼭 잡고 있었다.

"심사 결과를 발표하겠습니다. 이번 전국학생무용콩쿠르 최우수상은 가을여심 심영철입니다!"

믿기지가 않았다. 내가 주인공이 된 군무가 최고상을 받다니. 내심 수상 명단에만 들어도 좋겠다고 바라온 터였다. 하지만 결과는 뜻밖이었다. 짧은 기간 동안의 연습에도 불구하고 최고상을 거머쥔 것이다. 최고상에는 그에 걸맞은 특전도 기다리고 있었다.

그때부터 새로운 고민이 시작되었다. 나를 무용의 길로 이끈 선생님도, 내게 큰 기대를 걸고 있던 부모님도 내가 무용수의 길을 선택하리라는 걸 조금도 의심치 않았다. 할머니를 비롯한 가족들은 내가 무용에 재능이 있다는 사실을 오래전부터 알고 있었다며 입을 모았다. 어린아이가 음악에 맞춰 춤을 추는데 무작정 몸을 흔들어대는 게 아니라 나름의 춤사위가 있었다는 거였다. 가족들의 말에 다소 과장이 섞여 있을지도 모르지만 적어도 내가 춤을 쉽게 따라하고 배운다는 점만은 사실이었다. 본능적으로 몸의 움직임에 대한 감각이 있었다고 해야 할까. 나는 어떤 춤이라도 금방 따라할 수 있었다. 그것이 내게는 조금도 어렵지 않았다. 음악을 배경으로 춤을 출 때면 잠들어 있던 영혼이 깨어나듯 자유로움을 만끽했다.

하지만 초등학교 시절부터 그려 온 그림을 생각하면 갈등이 생겼다. 그즈음 나는 하고 싶은 이야기를 그림으로 마음껏 풀어 놓는 자유로움을 어느 정도 맛본 상태였다. 그런 상황에서 무용을 통해 그 상상 속의 이미지를 몸으로 표현하는 또 다른 가능성에 이제 막 눈을 뜨게 된 것이었다. 그러니 미술과 무용 가운데 둘 중 어느 하나를 선뜻 선택하는 일이 어려울 수밖에 없었다. 아직 어린 나이임에도 나는 내가 누구인지, 무엇을 원하는지를 깨닫고 결정해야 했다. 친구들이 중학생 소녀다운 소소한 즐거움에 빠져 있을 때, 일찍부터 내 자신과 정면으로 마주해야 했던 셈이다.

어머니는 그런 내게 좋은 상담자가 되어 주었다.

"너는 무대 위에서 춤을 출 때는 새처럼 자유로워 보이고, 그림을 그릴 때는 열정적으로 거기에 빠져서 행복해하는 것 같더구나. 둘 다 매력적인 일인 만큼 경중을 따지기는 힘들겠지. 하지만 막내야, 너는 훌륭한 선택을 하게 될 거야. 엄마는 네 선택을 믿는단다."

어머니는 내가 스스로 선택할 수 있도록 격려를 아끼지 않았다. 하지만 아버지는 달랐다. 좋은 조건으로 최고의 대학에 진학할 수 있는데 왜 고민을 하고 있느냐며 답답해 하셨다.

그러던 어느 날, 나는 문득 오래 전에 읽은 책 속의 한 구절을 떠올리고는 마음을 정했다. 그건 늘 책을 가까이하던 어머니 곁에서 이 책 저 책을 뒤적이던 중 읽게 된 구절이었다.

"가장 아름다운 예술작품은 광기를 발동시켜 이성이 쓰는 것이다."

순간 머릿속에서 종소리가 울리는 것 같았다. 확신할 수는 없으나, 그럼에도 뭔가를 제대로 짚었다는 느낌이었다. 내 자신의 광기를 발동시킬 수 있는 것, 그것을 찾는다면 적어도 후회하며 살지는 않을 것 같았다. 나는 내 자신에게 물었다.

'너는 무엇을 할 때 가장 행복하지?'

'무엇을 할 때 광기와도 같은 열정에 휩싸이냐고?'

끊임없이 질문하고 고민하는 동안 조금씩 생각이 가다듬어졌다. 무용과 미술, 두 분야에 모두 끌리지만 내가 광기라고 할 만한 열정으로 집중하는 것은 무용보다는 미술 쪽이었다. 내 눈에는 캔버스가 무대보다 더 넓고 자유로워 보였다. 텅 빈 도화지 앞에서는 내밀한 감정과 상상의 마지막 한 조각까지 자유롭게 표현할 수 있었다. 무용은 한 번의 공연으로 끝

나는 반면 미술은 작품으로 영원히 남겨진다는 사실도 마음을 끌었다. 막연하나마 언젠가 교수로 강단에 서고 싶다는 꿈을 이루기에도 미술 쪽이 나을 것 같다는 현실적인 생각도 없지 않았다.

결국 나는 미술을 선택했다. 아버지를 비롯해 주위의 많은 이들이 아쉬워했지만 고등학교에 진학하면서 본격적으로 입시 미술에 집중했다. 서양화의 대가이신 박광진 교수에게 지도를 받으며 부족함을 채우는 한편, 좋은 작가가 되기 위해 하루하루 열정을 다해 노력했다. 그리고 지금 이렇게 미술가라는 이름으로 살고 있다.

개인적으로 나는 한비야 씨를 참 좋아한다. 예술가는 아니지만 전 세계를 무대로 구호활동을 펼치며 자신의 열정을 당당하게 드러내는 모습에 언제나 큰 공감을 느낀다. 바로 그가 한 말 중에 이런 게 있다.

"지금 당신은 가슴 뛰는 일을 하고 있습니까?"

그 질문에 나는 망설임 없이 대답할 수 있다. 지금 내가 하고 있는 일이 내 심장을 뛰게 만든다고. 내 열정이 향하는 곳은 바로 여기라고. 열정은 그처럼 온 마음을 다해 원하는 것을 찾아낼 때 기적처럼, 그리고 선물처럼 찾아온다. 그렇게 자신의 일을 찾아낸 뒤에는 기적처럼 얻어 낸 그 선물을 자유롭게 만끽하면 되는 것이다.

내가 열정을 가지고

역동적인 삶을 살고자 하는 이유는 결국

부족하나마 그렇게 주의 발자취를 따르기 위함이며,

이것이 나의 '참된 정열'이다

# 2

# 예술,
# 가슴 뛰는 열정을 품다

## ■■■ 열여덟 살 견습생의 꿈

"2등은 필요 없다. 세상은 2등을 기억하지 않는다."

아버지는 단칼에 베어 내듯 가슴 아픈 말을 내게 쏟아 냈다. 눈물이 핑 돌았다. 자존심을 건드린 아버지에 대한 서운함과 내 자신을 너무 과신했었다는 자책감 때문이었다. 하지만 아버지 앞에서 눈물을 보이고 싶지는 않았다. 나는 입술을 꾹 깨문 채 방으로 들어가 문을 걸어 잠갔다. 비로소 혼자가 되어서야 조용히 울음을 터뜨렸다.

대학 입시 실패는 내 인생 최초로 좌절감을 맛본 사건이었다. 그림이 좋아 선택한 길이었기에 고교 3년 내내 누구보다 열심히 꿈을 향해 내달렸다. 그러나 나를 너무 믿었던 걸까? 제일 좋은 대학에 붙을 거라고 자신했지만 예상은 빗나가고 말았다. 입시 전날, 맹장 수술을 한 언니 걱정에 마음이 불안했고 그 여파로 입시 당일에는 아침부터 화장실을 들락거렸다고 핑계댈 일도, 위안이 될 일도 아니었다. 어쨌든 복잡한 상황 속에서 치른 시험 결과는 낙방이었다.

나는 다시 도전하고 싶었다. 또 한 번 기회가 주어진다면 잘 해낼 자신도 있었다. 하지만 아버지는 재수를 용납하지 않았다. 어차피 최고의 대학에 들어갈 게 아니라면 남녀공학보다는 여대가 좋겠다며 2차로 갈 만한 대학을 골라 원서를 접수시켰다. 그때부터는 입시에 실패했다는 좌절감보다 선택의 자유를 빼앗겼다는 사실에 더 비참한 시간을 보내야 했다.

어떻게든 다음해를 기약하려는 생각에 나는 회화과가 아닌 공예과를 선택했다. 하지만 운명이었는지 덜컥 합격을 하고 말았다. 입시 준비를 하면서 회화 외에도 그래픽 쪽의 다양한 공부를 한 것이 주효했던 모양이었다.

뿐만 아니라 입학 첫날, 그간의 가라앉았던 기분을 한 방에 날려 버릴 만한 계기를 맞았다. 당시 미국 유학을 마치고 돌아온 정관모 교수님의 수업을 듣게 된 것이다. 정관모 교수님은 조각가로서 작품활동을 병행하면서 학계와 예술계에서 인지도를 넓혀 가고 있는 중견작가였다. 조각가로서 뜨거운 열정을 품고 살아가는 예술가이자 학생들에게는 예술가로서 어떤 마음가짐과 이상을 품고 나아가야 하는지 진심을 다해 전해 주는 스승이었다.

막연한 이상을 현실로 실현시킨 예술가 앞에서 나는 잠들어 있던 열정이 차츰 되살아나는 것을 느꼈다. 그림을 그리고 싶어졌고, 뭔가를 표현해 내고 싶다는 창작 욕구가 서서히 용솟음쳤다. 사실 그때 나는 자존심에 상처를 입은 채 하고자 했던 일, 이루고 싶어 했던 꿈을 한동안 잊고 지냈었다. 그런데 그 열정을 교수님으로 인해 되찾게 된 것이었다.

나는 열정적으로 학업에 매진했다. 그러던 어느 날 교수님으로부터 이런 제안을 들었다.

"조각을 공부해 보는 건 어떻겠나? 내가 볼 때 자네는 조각가로서도 충분한 재능을 갖춘 것 같네만…. 평면적인 사고보다 입체적인 사고가 훨씬 뛰어나니 조각을 공부해 두면 표현의 폭도 좀 더 자유로워질 거야. 그런데 한 가지 명심해 둘 게 있네. 조각가는 아름다운 손을 포기해야 해. 돌과 흙과 나무를 깎고 다듬고 쪼는 일을 해야 할 테니까. 지금보다 손이 상당히 거칠어질 거야. 그래도 한번 해보겠나?"

나는 지체 없이 그러겠노라고 대답했다. 아무런 고민도 할 필요가 없었다. 미술에 대한 열정에 불을 지펴준 분의 조언이었다. 그분이 걸어온 길이 앞으로 내가 가고자 하는 방향임을 직감적으로 알고 있었다.

그날로 나는 전공을 조각으로 바꾸었다. 회화에서 공예로, 공예에서 조각으로의 변화는 앉아 있다가 서서 움직이고, 붓 대신 손과 몸을 사용하게 됨을 의미했다. 나는 철저한 견습생의 신분으로 기초부터 하나하나 배워 나갔다. 하지만 1학년 새내기가 할 수 있는 일은 그리 많지 않았다. 선배들이 원활하게 작업할 수 있도록 사전, 사후 작업을 하는 것이 전부였다. 지금이야 흙덩어리가 반죽된 상태로 나오지만 당시에는 그마저 견습생의 몫이었다.

내가 해야 할 일은 선배들이 던져 놓고 간 흙 부스러기들을 모아 그것을 흙덩어리로 부드럽게 반죽해 놓는 것이었다. 커다란 통에 흙 조각들과 잡동사니들을 분류한 다음 그것을 잘게 부수어 물을 붓고 말랑말랑한 흙덩어리로 다져 놓아야 했다. 그건 그때까지 그림만 그리던 내게는 그야말로 강도 높은 노동이었다.

견습생으로서 해야 할 일에는 석고 처리도 포함되었다. 석고 작업은 흙으로 빚은 형태 위에 석고를 바른 뒤, 굳은 석고 안의 흙을 파내고 그 안에 또다시 석고를 붓는 번거로운 과정을 거쳐야 했다. 그렇게 해서 안의 석고를 굳힌 다음 바깥의 석고를 살살 깨내야 했는데, 시간을 다투는 작업이라 수월치가 않았다. 워낙 석고가 빨리 굳기 때문에 수거된 석고 볼과 주전자에 묻은 잔해를 닦아 내는 일도 만만치가 않았다. 철수세미부터 칼까지 동원해 긁고 닦아야 겨우 말끔해지곤 했다.

교수님의 작업에 나무가 필요하다고 하면 당장 나무를 구해오는 것도 내 몫이었다. 그렇다고 아무 나무나 뚝 잘라 가져올 수는 없었다. 학교에서 허가한 나무만을 잘라 직접 껍질을 벗겨 매끈하게 처리해 놓아야 했다. 나는 그때까지 나무를 톱으로 잘라본 적이 없었다. 그러나 궁하면 통한다고 했던가. 어디서 그런 '괴력'이 솟아나는지 의아할 정도로 흥이 나 기꺼이 나무를 자르고 어깨에 져서 날랐다.

부모님은 그런 나를 기가 막힌 듯 지켜보았다. 번번이 늦은 시간에 녹초가 되어 들어오는 내게 아버지가 버럭 화를 내기도 했다.

"막노동꾼처럼 일하러 대학에 간 게냐? 대체 그 꼴이 뭐냐?"

갈수록 아버지의 역정은 심해졌다. 딸자식이 험한 일을 하는 게 못내 안타까웠던 것이겠지만 내가 좋아서 하는 일이라는 설명에도 아버지와의 갈

등은 좀처럼 수그러들지 않았다. 그런 아버지와 달리 어머니는 뒤에서 조용히 나를 격려하고 다독였다. 힘든 길을 걸으려고 하는 나를 만류하고 싶어 하면서도 종일 흙을 만지고 나무껍질을 벗기느라 거칠어진 손을 말없이 쓰다듬을 따름이었다. 그래서 아무리 힘들어도 어머니 앞에서는 절대 피곤한 기색을 드러내지 않았다.

"괜찮아요, 제가 선택한 길이잖아요. 다 좋아서 하는 일인 걸요. 좋으니까 힘들어도 이렇게 열심히 할 수 있는 거예요."

그러면 어머니는 흐뭇한 표정을 지어 보였다. 고생 모르고 자란 막내딸이 견습생으로 기초부터 닦아 나가는 모습이 조금은 대견했는지도 모르겠다.

내게는 그 정도의 믿음만으로도 충분했다. 내가 하는 일을 믿고 응원하는 누군가가 있다는 것만으로도 큰 힘이 되었다. 그 사실을 떠올리면 거친 손을 볼 때마다 스쳐 가는 상념 같은 건 쉽게 떨쳐 낼 수 있었다.

게다가 내게는 훌륭한 스승과 확고한 꿈이 있었다. 나를 다스리고 통제하며 그 이상을 향해 역동적으로 나아가는 것만이 내게 주어진 과제였다. 높은 이상을 바라보며 참된 열정을 쏟아붓는 일. 잃었던 자존심을 되찾은 스무 살 견습생에게는 이제 그것만이 최대의 관심사가 되었다.

## 내가 튄 이유

몇 년 전, 우연히 대학 동창을 만날 기회가 있었다. 대학에 다닐 때만 해도 꽤 가깝게 지내던 사이였으나 본래 내가 나서서 연락을 하는 성격도 못 되는 데다 개인적으로 여러 일들을 겪다 보니 미처 소식을 전하지 못하고 지냈다. 그런데도 친구와 나는 줄곧 만나왔던 사람들처럼 금세 허물없이 속이야기를 나누었다. 서로가 공유하고 있던 추억 덕분이었다.

친구와 마주 앉아 눈물이 맺힐 정도로 깔깔거리며 그 시절의 이야기를 주고받았다. 그렇게 한참을 웃던 친구에게 이런 말을 들었다.

"학교 다닐 때 네가 워낙 튀었잖니. 그 탓에 온갖 소문이 무성했지. 그래도 후배들 말로는 선배나 교수님들이 아직도 가끔 네 얘기를 하신다더라. 누구보다 네가 열심이긴 했으니까."

친구의 말에 대학 시절의 일들이 하나둘 눈앞을 스치며 지나갔다. 나는 입학할 때부터 유명했다. 수위 아저씨에서 교수님에 이르기까지 나를 모르는 사람들이 없을 정도였다. 튀는 외모와 차림새 때문이었다. 나는 나를 가꾸는 일을 즐겼다. 누구에게 잘 보이기 위해서라기보다는 내 자신에 대한 만족감 때문이었다. 지금 목회사역을 하고 있는 작은언니가 그때는 패션 디자이너로 어린나이에 이름을 날리고 있었는데, 꼭 그 때문이 아니더라도 우리 형제들은 패션에 대한 관심과 감각이 남달라 어디에서든 옷차림과 외모가 튀곤 했다.

지금도 기억나는 건 입학식 풍경이다. 만족스러운 결과는 아니었지만 어쨌든 처음으로 캠퍼스를 밟는 날이었으므로 나는 거울 앞에서 정성껏 치장을 했다. 당시 유행하던 일명 '바람머리'에 손톱에는 컬러풀한 에나멜 매니큐어를 칠하고, 근사한 가방과 구두로 마무리를 했다. 신입생이 그렇게 하고 갔으니 눈에 띄는 게 당연했다. 나는 작업장을 드나들며 석고와 흙을 주무를 때조차 허투루 옷을 입지 않았다. 사람들이 나를 흘깃거린다는 사실을 모르지 않았으나, 그건 내게 주어진 자유이자 선택이었기에 타인의 시선에 그다지 신경 쓰지 않았다.

그런데 그런 차림새와 태도가 오해를 산 모양이었다. 그 당시 대학가에는 서로 다른 두 얼굴의 대학 문화가 공존하고 있었다. 한쪽에서는 빠른 경제 성장을 배경으로 자유를 넘어선 방종의 문화가 성행하고 있었고, 다른 한쪽에서는 목소리를 높이며 민주화 운동에 투신하는 이들이 있었다. 이런 대립 속에서 나는 나도 모르는 사이에 철저한 부르주아로 치부되었다. 다들 겉으로 드러난 옷차림과 외모만으로 나를 판단한 탓이었다. 소문은 점점 부풀려져 끝내 나에 대한 이상한 억측까지 나돌기 시작했다.

다행인지 불행인지 나는 소문에 크게 개의치 않았다. 본래 그런 쪽으로는 둔감한 편이기도 했고, 주변의 시선에 크게 신경 쓰지 않는 성격 탓이

기도 했다. 물론 이따금씩 억울한 생각이 들기는 했다. 하지만 품은 뜻과 이상이 확실한 바에야 다른 이들의 시선에 일일이 신경 쓰고 나를 방어하는 데 힘을 뺄 이유가 없었다. 그래서 사람들이 나를 오해하고 편견을 가져도 그러려니 하고 넘어갔다.

그래도 내 이름이 아직까지 선후배들 사이에 회자되고 있다는 건 기분 좋은 일이었다. 나에 대해 오해를 하면서도 예술에 대한 진지한 열정만큼은 알아 주었다니 고맙기도 했다. 사실 그건 나를 조금이라도 눈여겨본 사람이라면 익히 짐작할 수 있는 일이었다. 늘 제일 먼저 등교하고, 가장 늦게 집으로 돌아가는 학생이었으니 말이다.

"오늘도 늦게까지 작업이 있었나 보네."

늦은 밤, 학교를 나설 때면 수위 아저씨가 먼저 인사를 건넬 정도였다. 정문이 잠겨 있으면 수위실 옆으로 난 쪽문을 통해 학교를 드나들기도 했는데, 재미있는 것은 새벽 등교를 하는 학생이 나 말고도 한 사람 더 있었다는 사실이다. 성악을 전공하던 그 학생과 통성명을 한 적은 없지만 앞서거니 뒤서거니 학교 정문을 향해 걷던 기억이 지금까지도 아련하게 남아 있다. 쪽문으로 들어서다가도 멀리서 목소리를 가다듬는 소리가 들려오면 오늘은 내가 두 번째구나 생각하면서 배시시 웃던 기억도 난다. 이름도 모르고, 말 한 마디 나눠 본 적 없는 사이인데도 자신의 길을 심지 굳게 걸어가고 있다는 사실만으로 무언의 위로와 격려를 주고받는 기분이

‹‹‹ 시크릿가든 / 유리, 마노, 스컬피, 특수 컬러 / 2009

들곤 했다.

그렇게 새벽 등교를 하면서도 나는 아무렇게나 하고 다닌 적이 없다. 예술가들이 작품을 시작하기에 앞서 자신의 몸부터 깨끗이 하는 의식을 치르듯 늘 단장을 마치고서야 집을 나섰다. 공들여 매니큐어를 칠한 손톱에 흰 석고 덩어리와 흙덩어리가 끼고 대패질에 톱질, 사포질까지 하느라 피부가 거칠어져도 일단은 내 자신이 정돈된 상태로 실습실에 도착하는 것을 원칙으로 삼았다.

작업장에 도착하는 순간부터는 오로지 작업에만 몰두했다. 흙덩어리와 석고 덩어리, 나무나 돌덩이에 손을 찧는 게 부지기수였지만 조각가의 길을 걷고 있다는 사실만으로도 충분히 행복하고 가슴이 벅찼다. 입체감을 다루기 위해 이전과는 다른 눈으로 사물을 바라보고 해석하는 과정은 늘 짜릿했고, 견습생의 신분으로 선배들의 작업을 도우면서도 머릿속으로는 분주하게 작품에 대한 고민과 질문을 거듭했다.

'이 조각품은 무엇을 의미하는가?'

'이 재료보다 더 나은 것은 없을까?'

내 고민은 색에 대한 각성으로까지 이어졌다. 대부분의 친구들이 수업에서 배운 대로 재료의 질감을 살리는 데 집중하고 있을 때, 나는 조각에 색을 입힐 궁리를 하고 있었다. 나무의 칙칙한 색이나 돌의 어두운 색감에만 의지할 게 아니라는 판단에서였다. 조각으로 전공을 바꾸기 전, 서양화를 공부했던 배경이 내재된 색채감을 끌어 낸 게 아닐까 싶다.

예상대로 색을 입힌 조각품은 다른 조각품과는 달리 생생하고 활기찬 느낌을 자아냈다. 하지만 그런 과감한 시도를 곱지 않은 눈으로 바라보는 이들도 적지 않았다. 교수님들과 선배들, 심지어 또래의 친구들마저 조각품에 색을 입히는 나를 이단아처럼 대했다. 내가 튀었다는 건 그런 면에서 틀린 말만은 아니었다.

내 관심은 미술 분야에만 한정되지는 않았다. 방과 후에는 재즈 공연을 보러 가기도 했고, 청계천의 헌책방을 돌아다니며 곰팡내 나는 미술 서적을 열에 들뜬 눈으로 탐독하기도 했다. 한때는 모델 제의를 받아 화려한 조명 아래 선 적도 있었다.

그리고 아프지만 진한 사랑 끝에 영혼의 세계에 대해 관심을 가지기도 했다. 호기심과 함께 찾아온 내면세계와 인간의 정신에 대한 관심은 이후 다양한 종교에 대해 열린 마음을 갖게 했다. 중광스님을 알게 된 것도 그 무렵의 일이다. 지금은 기독교 신앙을 토대로 작품활동을 펼치고 있지만 당시 종교가 없던 내게 스님은 좋은 상담자이자 친구로 새로운 세계를 향해 다리를 놓아주었다. 불교라는 종교적인 틀에서 벗어나 세상 돌아가는 이야기를 하거나 새로운 문화와 예술사조에 대한 이야기를 주고받다 보면 경계 없는 호기심이 마음껏 충족되는 기분이었다.

지금 생각해 보면 내 대학 시절은 맹렬한 호기심으로 분주히 세상을 탐색하던 시기였다. 그래서 다른 사람보다 더 부지런하고 치열하게 살았던 것 같다. 살아가는 자세와 예술에 임하는 태도가 남들과 다를 수밖에 없던 이유도 거기에 있다. 호기심과 열정, 스스로를 허투루 방기하지 않는 자존심. 내가 사람들의 눈에 튄 본질적인 이유는 아마도 이 때문이 아니었을까.

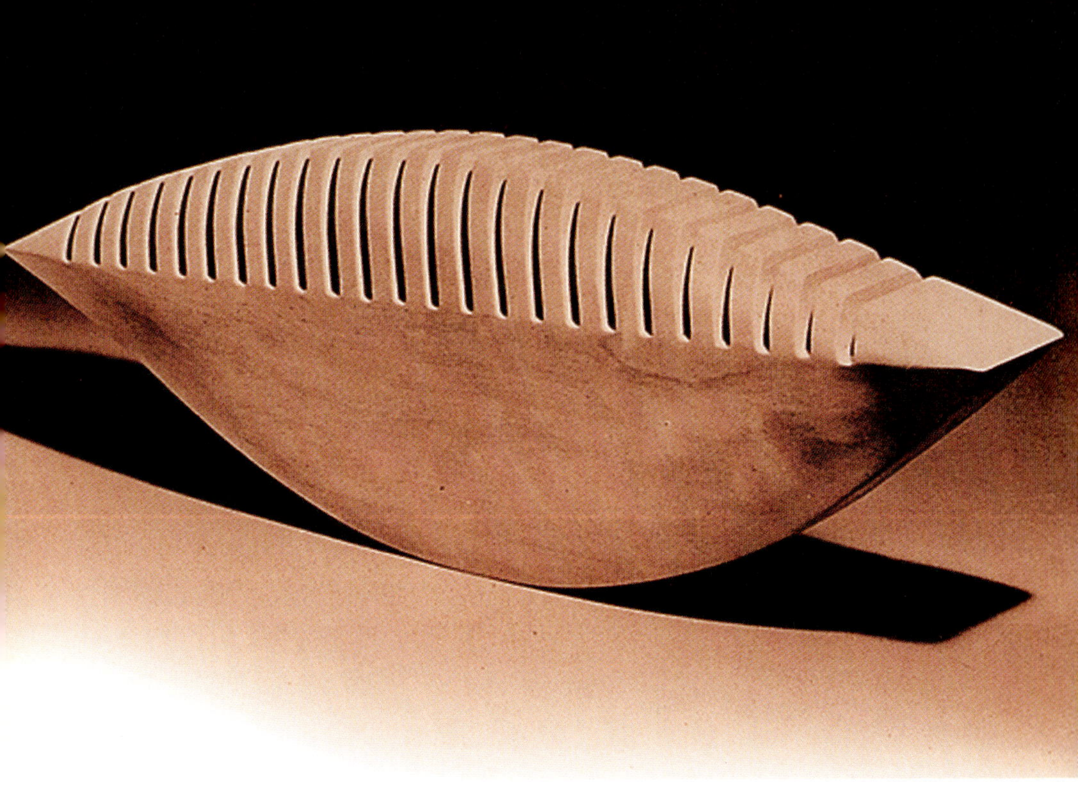

## ■■■ 빗, 빗, 빗

첫사랑의 추억은 날카롭고 강렬하다.

꽃봉오리 같던 20살, 내게도 그런 사랑이 찾아왔다. 나는 대학생이 될 때까지 남자라고는 가족 이외에 만나 본 적이 없었다. 그러나 강렬하게 다가온 사랑을 경험하면서 내 안의 사랑이 나를 죽일 수도, 살릴 수도 있다는 사실을 깨닫게 되었다. 누군가의 미소 한 번에 세상이 밝아졌다가 다음 순간 칠흑처럼 눈앞이 캄캄해지던 기억은 그것이 그만큼 순정한 사랑이었기 때문일 것이다.

하지만 어느 순간부터인지 사랑도 변하기 시작했다. 대부분의 사람들이 그런 것처럼 나 또한 첫사랑이 신비로운 베일을 벗던 순간을 똑똑히 목도했다. 내가 품었던 사랑이 나를 배반하는 순간은 그저 비참하고 참담할 뿐이었다. 온 마음을 다해 사랑했던 사람이 이기적으로 나를 이용하려 드는 걸 보면서 사랑에 대한 환멸을 느꼈다. 나는 상처를 숨긴 채 마음의 문을 닫아걸었다. 사랑한 대가로 그렇듯 견디기 힘든 시간을 보내야 한다면 다시는 사랑을 하지 않으리라 결심했다.

그런데 이상한 일이었다. 폭풍 같은 사랑이 지나가고 난 뒤, 한동안 도피하듯 조각에만 매달려 지냈음에도 어느 순간부터 첫사랑의 흔적이 조금씩 작품에 스며들었다. 아프고 괴로웠던 기억보다 사랑이 나를 향해 뚜벅뚜벅 걸어오던 기억이 등불처럼 마음을 환하게 밝혔다.

졸업작품전 준비로 분주하던 대학 3학년 때였을 것이다. 작품을 구상하느라 머리도 복잡하고 몸과 마음마저 바쁘던 그때, 느닷없이 첫사랑의 기억이 떠올라 나를 괴롭혔다. 나는 기억을 떨쳐 내고 싶은 마음에 오랫동안 샤워를 하고 나왔다. 그러고는 물기 어린 머리카락을 쓰다듬듯 빗어 내렸다. 얼마나 그러고 있었을까. 문득 이상한 기분이 들었다. 빗으로 머리를 빗고 있을 뿐인데도 차츰 마음이 달래지는 것이었다.

그러자 오래전 옛 여인들도 이렇게 빗질을 하며 외로움과 쓸쓸함을 달랬을 거라는 생각이 들었다. 때로 곤두박질치고 엉망으로 휘둘려도 빗살의 가지런한 형태를 바라보며 마음의 결을 정돈했으리라는 추측이었다. 여인이 머리를 빗는 행위에는 그처럼 스스로를 다독이고 다잡으려는 의지가 깃들어 있었다.

순간 주위가 밝아지는 느낌이 들었다. 창으로 스며든 달빛이 그윽한 그림자를 만들어 내면서 눈앞에 어떤 형상을 드러냈다. 그 그림자 속에는 거울 앞에 앉아 머리를 빗는 내 모습이 투영되어 있었다. 그와 동시에 영감이 떠올랐다. 빗! 그거였다. 빗이야말로 조각으로 형상화하기에 적합한 형태와 구조를 지니고 있었다. 여인의 단장 도구인 빗으로 여성의 삶과 관련한 메시지를 담아낼 수 있을 거라는 자신감도 섰다. 아픔이 머리빗을 매개 삼아 예술로 승화되는 순간이었다.

그때부터 빗을 어떻게 표현할 것인가 하는 문제에 매달렸다. 빗에 대한 유래에서부터 전통적인 빗의 종류와 모양 등을 조사했고, 동시에 어떤 형태로 빗을 표현하는 것이 가장 좋을지 고민했다. 빗이라는 도구의 형태적 미美를 표현하되 그 안에 담긴 정서도 오롯이 담아낼 수 있어야 했다. 그런 맥락에서 나는 빗에 담긴 여성성에 주목했다. 빗을 여성만의 전유물이라고 할 수는 없지만 여인들이 머리카락을 빗는 순간의 정情과 한恨을 표현해 낸다면 충분히 메시지를 살릴 수 있을 것 같았다.

우선 빗의 모양을 참빗, 얼레빗 등 다양한 조각으로 형상화 했다. 섬세한 빗살 형태를 표현하기 위해 나무를 깎고 다듬는 과정이 수월치는 않았지만 밤을 꼬박 새워 가며 빗살을 깎았다. 날이 밝아올 무렵, 빗살 하나하나에 오묘한 음영이 드리워지는 걸 보면 그 감흥만으로도 피곤이 다 가셨다. 그것은 사람으로 인해 감정적으로 얻는 평안이 아닌, 예술만이 선사할 수 있는 숭고한 평안함이었다.

나는 한순간 찾아온 영감에 조금씩 살을 붙여 가는 재미를 동력 삼아 조형미를 극대화시켰다. 빗이라는 소재에 내재된 정서적인 요소를 작품화하기 위해 1미터에서 3미터에 이르기까지 다양한 크기의 작품을 만들어 보면서 가장 적합한 형태를 찾기 위해 고심했다. 머릿속의 구상을 눈에 보이는 형태로 바꾸어 나가던 그때, 나는 대학시절 그 어느 때보다도 깊은 전율과 기쁨을 느꼈다.

내 첫 개인전의 타이틀인 〈빗(빛)의 단계적 표상〉은 이렇게 고통 속에서 탄생되었다. 다시는 사랑하지 않겠다고 결심할 정도로 사랑빚을 떠안고 있던 내가 우연히 찾아온 빗이라는 예술적 영감을 통해 열정의 빛을 발하게 된 것이다. 말하자면 그건 빚이 빗으로, 거기에서 한 단계 더 나아가 빛으로 승화하는 여정이었다.

## ■■■ 첫 개인전의 성공

첫 번째 전시회를 앞두고 나는 작가 노트에 이런 글을 써 내려갔다.

"우연처럼 보이는 사소한 일 하나에도 무수한 필연이 개입된 것처럼 여겨질 때가 있다. 빗을 작품으로 형상화할 수 있었던 것도 내가 빗이 가진 함의에 끌릴 만한 상황에 놓여 있었기 때문이다. 정서적으로 종횡무진 시달림 많은 나는 그것을 알아볼 수밖에 없었다. 빗이라는 표상에 담긴 옛 여인의 정절과 연모·한의 정서를 읽어내고, 가지런한 빗살을 바라보며 정밀한 평온함을 되찾던 마음의 결을 떠올릴 수 있었다. 나도 모르는 사이에 그 이미지에 이끌렸고, 그것을 발견해 선택한 것이었다. 그것은 필연이었다."

남은 과제는 그 필연을 사람들과 공감할 수 있는 작품으로 형상화하는 일이었다. 그러나 생애 첫 개인전을 준비하는 일은 쉽지 않았다. 빗을 소재로 작품 구상은 끝냈지만 작업을 할 만한 환경이 뒷받침되지 않았다. 때마침 대학은 잦은 휴강을 하던 시기여서 보다 안정적으로 작업할 수 있는 만한 장소를 찾는 게 급선무였다. 웬만하면 집에서 작업하고 싶었지만 아버지 때문에 그럴 수가 없었다. 미술을 진로로 선택하던 순간부터 아버지는 내 일을 인정하지 않았다. 노골적으로 반대하며 최소한의 경제적인 지원만 해 주었다. 그것이 도리어 자극이 될 때도 있었으나 그만큼 서운한 것도 사실이었다.

결국 나는 동네 빌라 앞마당에 자리를 잡았다. 귀퉁이에 대패와 톱 따위의 작업도구를 펼쳐 놓고 목재를 자르고 다듬었다. 일반주택에 비해 공동주택의 앞마당은 공간이 넓어 작업하기에 나쁘지 않았다. 물론 많은 이들이 지나다니는 곳이라 다소의 불편함은 감수해야 했다. 이웃들 역시 여자 혼자 목재를 다듬으며 동분서주하고 있으니 이래저래 궁금한 모양이었다.

"저, 아가씨. 뭐하는 거예요?"

"작품 전시회를 준비하고 있어요. 마땅히 작업할 곳이 없어서…."

"그래요? 이 나무로? 와아, 여학생이 이런 거친 작업을 직접 해요?"

끊임없이 이어지는 질문 공세에 따가운 시선을 받으며 작업하는 일은 녹록치 않았다. 게다가 바람은 또 어찌나 세게 부는지. 바람이 한 번 불고 지나가면 일껏 진행해 놓은 작업이 엉망이 되어버려 그것을 다시 복원하는 데만도 상당한 시간이 들었다. 그래도 나는 씩씩하게 작업을 계속했다. 환경과 조건이 열악하면 할수록 오히려 더 의지를 불태웠다. 때로는 원하는 모양이 나오지 않아 처음부터 다시 나무를 깎고 다듬어야 할 때도 있었지만 그런 건 불평거리조차 되지 않았다. 작가로서 내 이름을 걸고 세상에 작품을 선보이려 한다면 그 정도는 감수하는 게 마땅하다고 생각했다.

나는 집과 동네 빌라의 앞마당, 학교 작업실을 오가며 개인전 준비를 이어 갔다. 작업을 하는 데에는 밤낮도 없고, 계절도 없었다. 한겨울의 학교 작업실에서 추운 줄도 모르고 일에 몰두해 있다가 허리라도 한번 펼 때면 비로소 무릎이 얼마나 시린지 깨달을 정도였다.

"와! 우리 도대체 누구를 위해 종을 울리는 거니?"

친구들의 한탄 섞인 농담에 간혹 웃기도 하면서 겨우내 나는 작은 난로 하나에 의지해 나무를 깎고 다듬었다. 솔직히 가끔은 무거운 재료들을 혼자 깎고 나르는 일이 너무 버거워 누구 한 사람이라도 나서서 도와주기를 바랄 때도 있었다. 하지만 마음만은 그 어느 때보다 행복했다. 손에 잡히는 건 아무것도 없고 앞날도 막막했지만 눈뭉치를 굴리듯 작은 영감에 살을 붙여 작품을 완성해 가는 과정에 큰 희열을 느꼈다. 그 열정이 한겨울에도 여전히 나를 밀고 가는 힘이 되었다.

영국의 한 탄광마을 소년이 환경에 굴하지 않고 발레리노가 되는 과정을 그린 작품 〈빌리 엘리어트〉에서 주인공 제이미는 이런 말을 한다.

"마치 내 몸 전체가 변해서 몸 안에 불길이 치솟고…, 전 그냥 거기서 날아가요. 새처럼요. 마치 전류를 탄 것처럼. 그래요, 전류를 타고 날아다니는 것 같아요."

춤에 대한 열정이 제이미의 꿈을 이끈 것처럼 나 또한 그러했다. 2년여에 걸쳐 작품에 몰두하는 동안 온몸에 전류가 흐르는 짜릿한 전율을 느꼈다.

지난 사랑의 흔적에서 영감을 얻어 시작된 작업은 관계 회복에도 도움을 주었다. 개인전 준비가 마무리되어 팸플릿이 인쇄돼 나왔을 때였다. 다음 날이면 드디어 작가로서 세상의 평가를 받게 된다는 사실에 나는 줄곧 마음을 졸이고 있었다. 그날 밤, 어머니가 내 방으로 들어왔다. 나는 그동안 묵묵히 후원하고 격려해 주신 일이 감사해 어머니를 꼭 안아드렸다. 그런데 어머니가 내 등을 토닥이며 이런 말을 하시는 게 아닌가.

"막내야, 아버지가 네 전시회 팸플릿을 한참 동안 보시더라. 그러더니 '우리 영철이가 이 정도로 잘했던 거야?' 하고 묻는 거야."

기뻐서 무슨 말을 해야 할지 몰랐다. 전시회를 하는 것조차 마땅찮아 하셔서 모든 작업을 집 밖에서 진행해 온 터에 아버지가 팸플릿을 보고 그런 말을 했다니. 가장 가까운 사람에게 인정받았다는 기쁨에 나도 모르게 눈물이 흘렀다. 아버지가 나를 믿어 준다는 사실만으로도 절로 힘이 났다.

아버지의 배웅을 받으며 전시회장으로 향했다. 그동안 나의 모든 것을 쏟아부은 처녀작이 드디어 세상에 선보이는 날. 전시회장에 들어가자 여기저기에 세워져 있는 내 작품들이 보였다. 내 분신과 다름없는 작품들을 보고 있자니 갑자기 마음이 울컥했다. 마치 내 자신이 벌거벗은 모습으로 대중 앞에 서 있는 것 같았다. 나는 작품 앞에 씌어 있는 내 이름 석 자를 바라보며 스스로를 응원했다. 그리고 생애 첫 전시회를 치르는 감격스러움과 더불어 작가로서의 책임감을 다졌다.

다행스럽게도 〈빛의 단계적 표상〉은 젊은 여류 조각가의 탄생을 알리는 기분 좋은 신호탄이 되었다. 전시를 보러온 평론가는 물론이거니와 언론 매체와 관람객 모두에게 긍정적인 평가를 얻었다. 한 매체에서는 "빗살 하나하나를 첨예하게 살려 낸 구성이 메커닉한 분위기로 현대미술의 논리적 조형미를 살려냈다"는 평가를 내놓았다. 전시회장에 들른 대학 은사님도 작가로서의 내 소양과 자질을 격려했다.

신인 작가로서는 보기 드물게 스포트라이트를 받은 덕분인지 작품들이 일부가 판매 되었다. 여성성을 잘 표현한 조각품이라는 호평과 함께 기업의 작품 구입 문의가 쇄도했다. 나무 재질의 작품을 다시 돌로 변형해 한국문예진흥원과 삼성, 대한방직 등에 소장되기도 했다. 선뜻 전속계약을 제안해 오는 화랑도 있었다. 당시 내 작품들이 미술계의 주요한 흐름 속에 있었고, 빗을 소재로 한 동양미를 눈여겨본 이들이 잠재적인 가능성을 점친 결과였다.

주위에서는 다들 내가 이러한 관심에 부응하기를 바랐다. 하지만 그때 나는 작가로서 성취감을 느끼는 동시에 새로운 자각에 눈을 뜨고 있었다. 그것은 더 넓은 세계로 나아가서 새로운 장르를 경험하고 도전하고 싶다는 열망이었다. 덩어리 개념으로 인식되는 조각의 세계에만 머무르기에는 내 안에 표현하고 싶은 것들이 너무 많았다. 나에게는 더 넓고 다양한 무대가 필요했다. 목표가 확실하고 열정이 있는 한 최상의 결과를 낼 자신도 있었다. 물론 두려움도 없지 않았다. 하지만 나는 용기를 냈다. 그것은 내 스스로에게 던지는 도전이자 기회였다.

‹‹‹ 빗의 단계적 표상 / 1983

## ■■■ 미지의 세계를 향한 도전

나는 확실한 목표 의식을 가지고 유학을 준비했다. 젊은 나이에 성공적으로 전시회를 치른 뒤 자칫 자만에 빠질 수도 있었으나 예술가로서 한 단계 도약을 꿈꾸며 긴장을 늦추지 않았다. 내 목표는 주위의 상찬이 아니라 스스로 정한 이상과 기준에 도달하는 데 있었다. 그래서 한국에서도 충분히 공부할 수 있는데 굳이 외국까지 가야 하느냐는 말을 들을 때마다 아예 두 귀를 틀어막았다. 내가 원하는 건 기본을 다지는 한편으로 새롭고 다양한 문화를 통해 풍성한 영감을 얻는 데 있었다. 그래서 작가로서 내 자신이 보다 깊고, 단단해지기를 바랐다.

비행기에서 내려 처음 미국 땅을 밟던 날은 종일 가슴이 두근대고 쿵쾅거렸다. 이질적인 환경과 문화가 낯설고 생소했음에도 그런 낯섦이 싫지 않았다. 곁에 남편이 있다는 사실도 의지가 되었다. 대학원 졸업 직후 결혼한 남편은 내 예술관과 작품세계를 전적으로 지지해 주는 사람이었다. 나는 입학 허가를 받은 샌디에이고의 학교를 찾아갔다. 내 첫 개인전에 전시된 작품을 보고 깊은 인상을 받았다며 전액장학금과 함께 입학을 통보한 학교였다.

학교는 여러 면에서 훌륭했다. 장학금을 받으며 좋은 조건에서 공부할 수 있었고, 시스템적으로 만반의 준비가 갖추어져 있었다. 그럼에도 개혁적이고 도전적인 성향은 다소 부족하게 느껴졌다. 새로운 사조를 반영하는 데에도 상대적으로 뒤처진 경향이 있어 새로운 것에 대한 내 호기심을 충족하기에는 무리가 있어 보였다. 안온한 온실 속에서 공부하려고 태평양을 건너온 건 아니었다. 나는 보다 자유로운 학풍 속에서 새로운 문화 사조를 적극적으로 수용하여 그것을 심화시킬 수 있는 학교를 원했다. 내 욕심을 만족시킬 만한 학교가 과연 있을까 싶었지만 처음부터 타협해 가면서 목표의식을 낮추고 싶지는 않았다.

결국 고민 끝에 장학금을 포기하고 다른 학교를 알아보기로 했다. 고맙게도 남편은 내 뜻을 존중하고 흔쾌히 결정을 받아들여 주었다. 그렇게 여러 학교를 찾아다닌 끝에 마음에 꼭 드는 학교를 발견했다. 그 학교는 커리큘럼이나 여러 면에서 당대의 흐름을 반영하고 연구하는 데 유연한 시스템을 갖추고 있었다.

예상대로 학교 분위기는 무척 자유로웠다. 게다가 예술을 하는 사람들이라 그런지 자유로운 사고를 하면서도 기본적으로 심성이 따뜻하고 순수했다. 모든 것이 만족스러운 가운데 곧 활기차게 공부를 시작했다. 입학 초기에 임신 사실을 알게 되어 잠시 갈등하기도 했지만 작가로서의 삶이나 여인으로서의 삶 모두에 최선을 다하기로 마음먹었다. 가야 할 길이 분명했기에 크게 흔들리지 않았다. 초조함으로 이뤄낼 수 있는 건 아무것도 없다는 사실 또한 잘 알고 있었다.

교과 과정은 한국과 크게 다르지 않았다. 하지만 새로운 문화 사조와 흐름을 반영하는 채널만큼은 한국보다 다양하고 자유롭게 열려 있었다. 나는 특히 나무로 종이를 만드는 작업이나 도자 조각, 전기 전자 미디어에 관해 관심을 가지고 공부했다. 그 과정에서 끊임없이 의문이 생겼고, 그 의문을 해결하고 깨닫는 과정을 통해 작가로서의 내 자신이 조금씩 성장하고 있다는 자신감을 느낄 수 있었다.

혼자 해결할 수 없는 내용이 나올 때면 주저 없이 질문을 던졌다. 하나라도 더 배우고 이해하고 싶은 마음에서였다.

"선생님, 죄송합니다만 질문이 있습니다."

그러면 지도 교수는 전혀 미안해할 필요 없다면서 무엇이든 물어보라고 친절히 대답했다. 교수로 강단에 서 있는 것은 학생들이 궁금증에 답하기 위해서라는 것이었다. 도제식 교육이 많은 한국과는 달리 미국의 교수들은 학생들을 격의 없이 대했다. 수업 내용뿐 아니라 학생들을 평등하고 동등한 인격체로 대하는 교수들의 강의 방식도 매우 인상적이었다.

1980년대 후반 미국의 거리에서도 나는 상당한 자극과 영감을 받았다. 한국이 경제 성장을 가속화하던 그 시기, 미국은 이미 모든 면에서 선진적인 문화와 환경을 누리고 있었다. 특히 백화점 거리나 어메이징 스토어의 쇼윈도에서 받는 감흥은 각별했다. 화려한 조명 아래 색감과 형태의 조화를 고려한 감각적인 디스플레이를 바라보고 있으면 무수한 영감의 편린이 머릿속을 유영했다.

단순한 진열대조차 예술작품의 경지로 끌어올린 감각도 그렇거니와 쇼윈도라는 일상적인 공간이 하나의 작품이 될 수 있다는 사실도 놀랍기만 했다. 조각가로서 새로운 시도를 해보고 싶다는 욕심은 있었지만 막상 무엇을 어떻게 해야 할지 막막한 상황에서 낯선 거리에서 만나는 모든 사물은 하나하나가 굉장한 아이디어였다. 거리의 쇼윈도는 조각에 대한 내 정형화된 생각을 흔들어 놓을 만큼 신선한 충격이었다.

'그래, 조각은 덩어리라는 고정관념부터 깰 필요가 있어. 지금까지는 돌이나 흙, 나무만을 소재로 썼지만 거리의 이 쇼윈도들을 봐. 얼마나 다양한 소재로 다양한 감각을 자극할 수 있는지. 편견 없는 눈으로 보면 세상의 모든 것이 작품이 될 수 있는 거야. 틀에 얽매인 생각에서부터 벗어나야 해.'

그때부터 거리 곳곳을 쏘다니기 시작했다. 전통적인 조각의 개념을 버리고 새로운 눈으로 사물을 다시 바라보았다. 영감이 떠오르면 그 자리에서 바로 스케치를 했고, 쇼윈도에 독특한 소재가 놓여 있으면 매장 안으로 들어가 무슨 소재로 만들었는지, 색은 무엇을 이용했는지부터 확인했다. 더불어 그것에 담긴 메시지는 무엇인지, 사람들의 시선을 끌기 위해 어떤 부분에 포인트를 두고 있는지 분석하면서 당대의 유행과 흐름을 놓치지 않았다. 다행히 미국인들은 외국인을 대하는 데 익숙한 데다 일반적으로 친절해서 대부분의 궁금증을 쉽게 해결할 수 있었다.

전시회나 공연장도 부지런히 다녔다. 다양한 장르의 전시회는 주제나 소재 선택, 기법에 이르기까지 여러 면에서 자극을 주는 좋은 계기가 되었기 때문이다. 그러던 중에 당시 한국은 물론이고 미국에서조차 생소한 장르인 설치미술을 접하게 되었다. 이름만으로도 생소했던 설치미술 전시회는 굉장한 충격을 안겼다. 다양한 소재의 사물들이 조화롭게 배치된 공간이 작품이 될 수 있다니! 그건 막연하게 틀을 깨야 한다는 생각만 하고 있던 내게 신선한 해답처럼 다가왔다. 정해진 원칙도, 틀도 없이 세상의 모든 소재를 동원하는 대담함과 실험정신에 나는 남다른 관심을 가졌다.

남편 또한 곁에서 많은 도움을 주었다. 남편은 모든 장르의 음악을 다 좋아하는 음악광이었다. 음악에 조예가 깊기도 했고 워낙 음반 소장하기를 좋아해 타워 레코드나 소호 거리의 헌 레코드 가게를 찾아다니며 음악을 찾아 들었다. 남편은 내 작품에 어울릴 만한 음악을 추천해 주는가 하면 음악과 미술을 연계시키려는 시도에 실질적인 조언을 해 주기도 했다. 훗날 내 전시회에 활용된 음악 가운데 상당수는 남편이 제공한 모티브에 의한 것일 만큼 음악적으로 깊은 공감을 나누었다.

유학 시절은 하루하루가 다이내믹한 흥분으로 가득했다. 신대륙을 발견해 나가듯 미지의 영역을 탐구하고 경험하며 분주하게 살았다. 어떤 날은 헌책방에 틀어박혀 하루 종일 미친 듯이 미술 관련 서적을 탐독했고,

또 어떤 날은 도서관에서 종일 자료를 찾으며 시간을 보냈다. 전시회에서, 소호 거리에서, 때로는 여행을 통해 나는 쉼 없이 내 안에 뭔가를 채워 넣었다. 지천에 널린 것이 도전이고 기회였다. 나는 그중 아무것도 놓치고 싶지 않았다.

그러는 사이 5년이 훌쩍 지나갔다. 기존의 틀을 벗어난 신선한 시도를 발견하고 충격적인 경험들을 차곡차곡 내면화하면서 나는 목표의식을 한층 더 날카롭게 벼릴 수 있었다. 나만의 작품세계를 견고하게 구축해 갔고, 두 아이의 어머니가 되어 내면적으로도 성숙해지는 계기를 맞았다.

심신의학 분야의 선구자인 조엔 보리센코 박사에 따르면 영혼이 성숙해지기 위해서는 긴장이 필요하다고 한다. 보리센코 박사는 사랑을 주고받고 자연을 감상하는 일, 그리고 자신의 상처와 다른 사람의 상처를 치유하고 용서하며 세상에 봉사하는 일을 통해 영혼은 더 깊은 성숙함을 지니게 된다고 말한다.

나는 거기에 '도전'이라는 요소를 하나 더 보태고 싶다. 경험상 확신하건대 도전은 몸과 마음을 기분 좋게 긴장시킨다. 그런 긴장 상태에서 기쁨의 호르몬인 엔도르핀과 감동받았을 때 나온다는 다이돌핀까지 생성된다고 하니 도전과 긴장이 궁극적으로 인간의 영혼을 성숙하게 하고 행복감을 준다는 건 틀림없는 사실인 것 같다. 그러니 누군가 지금 미지의 세계에 대해 도전하고 있다면 이런 말로 그를 응원해 주고 싶다. 당신은 이제 막 영혼의 성숙으로 가는 첫걸음을 내디뎠다고.

‹‹‹ 전자정원 / 혼합재료 / 가변설치 / 워커힐미술관 / 1997

## ■■■ 라스베이거스 여행

여행을 가자는 남편의 제안에 아무것도 묻지 않고 따라나섰다. 출발하고 나서야 목적지가 라스베이거스라는 사실을 알았다. 라스베이거스라는 말에 제일 먼저 떠오른 건 카지노였다. 갬블에는 별 관심이 없었지만 말로만 듣던 라스베이거스가 얼마나 화려한 곳인지 구경이나 할 생각이었다.

그런데 라스베이거스에 가까워질수록 기분이 묘해졌다. 뭔가가 끌어당기는 기분이랄까. 사막 한가운데 밝혀진 도시의 야경을 보자 나도 모르게 가슴이 뛰기 시작했다. 차가 코너를 돌아 중심가로 들어섰을 때는 와! 하고 탄성을 질렀다. 나를 흥분시킨 것의 정체가 무엇인지 비로소 알아차릴 수 있었던 것이다.

라스베이거스의 거리에는 기대 이상의 볼거리로 가득 차 있었다. 일종의 직업병이라고 해야 할까. 내 눈에는 거리의 모든 것들이 예술작품처럼 보였다. 화려한 호텔과 쇼핑몰, 갤러리와 놀이공원까지 모든 것이 메가톤급이었다. 나는 쉴 새 없이 고개를 돌려가며 주위를 둘러보았다. 무엇부터 봐야 할지 알 수 없을 정도로 거리는 굉장한 볼거리로 넘쳐났다.

그중 내 시선을 사로잡은 것은 한 호텔의 간판과 광고물이었다. 호텔의 이름을 네온으로 표현한 광고물은 작품이라고 해도 손색이 없을 만큼 광고 이상의 기능을 하고 있었다. 각각의 문자에 라이트를 비추어 각기 다른 음영을 나타내는 방식도 특별해 보였다. 광고물을 그토록 화려하고 아름답게 표현할 수 있다니. 화려하면서도 따뜻한 느낌을 주는 네온이라는 소재에도 호기심이 생겼다.

'그래, 이거야. 새로운 매체와 조각을 연결시켜 보는 것. 돌과 흙, 나무가 아닌 보다 신선하고 새로운 재료, 이게 내가 찾던 거야.'

그 후로도 나는 자주 라스베이거스를 찾았다. 처음에는 무작정 호기심으로 거리 이곳저곳을 보고 다닐 뿐이었지만 차츰 그 모두를 예술적 감각으로 분석하고 이해해 갔다. 각종 공연을 관람하면서 무대를 어떻게 꾸몄는지 눈여겨보았고, 갤러리에서는 도전적으로 새로운 장르를 개척해 나가는 젊은 작가들의 작품세계를 엿보았다. 흥미롭고 로맨틱한 시설들을 돌아보면서 광고판들의 신소재에 대해서도 조금씩 파악해 갔다. 새로운 재료를 발견하면 그것을 조각화했을 때의 이미지를 눈앞에 떠올리기도 했다. 그건 학교에서는 배울 수 없는 산교육이자 신나는 경험이었다.

호기심 어린 분석과 자료 조사를 끝낸 뒤, 나는 이를 어떻게 작품과 연결시킬 것인지 고민했다. 일단은 네온을 재료화하는 데에서부터 출발하기로 했다. 그리스어에서 유래한 네온(Neon : new one)은 단어 자체에 '새로운 것' 이라는 뜻을 갖고 있다. 그것은 지금도 늘 새로움을 추구하는 내게 운명적인 만남처럼 찾아온 소재다. 전에도 네온을 작품 재료로 쓴 적은 있지만 이참에 본격적으로 주재료화하는 방법을 찾아내고 싶었다.

나는 물어물어 네온 공예를 가르치는 뮤지엄을 찾아갔다. 50년 이상의 역사를 지닌 그곳의 클래스는 다양한 재료를 이용하는 기법을 전수하고 있었다. 특히 유리를 벤딩하거나 네온관을 제작하는 등 특별한 재료와 미디어 관련 공예를 하는 곳으로 유명했다. 일단 나는 담당자를 찾아가 네온을 이용한 조각 작품을 만들고 싶다고 털어놓았다. 그러자 네온 공예를 담당하는 선생이 고개를 갸웃거리며 반문했다.

"네온이요? 조각이라면 흔히 돌이나 나무를 사용하지 않습니까?"

"저는 시대를 앞서 가는 새로운 재료를 원합니다. 이곳 라스베이거스의 거리에서 제가 받은 인상을 조각으로 표현하고 싶습니다."

담당자는 내 단호한 의지에 좋은 인상을 받았는지 선뜻 나를 클래스에 받아 주었다. 그러면서 원하는 대로 '특별한 조각' 을 할 수 있기를 바란다며 나를 격려했다. 나는 그날로 클래스에 등록하여 수강을 시작했다. 워낙 뭔가를 배우는 데 물불 가리지 않는 스타일이라 네온에 대해 공부하는 시간이 내게는 큰 즐거움이었다.

흔히 상업적으로 많이 이용되는 네온은 종류가 상당히 다양했다. 전압 방식에 따라서 종류도 여러 가지였다. 그중에서도 아트네온이라고 잘못 알려져 있는 P.O.P. 네온이 작품에 사용하기에 가장 적합해 보였다. 네온관 길이가 짧아 단순화하거나 변형하기 쉬워 작품으로 만들어 내기에도 여러모로 용이했다. 라스베이거스 광고판에서 보았던 것도 바로 그 P.O.P. 네온이었다.

네온에 대해 어느 정도 알게 된 뒤에는 라이트 아트에 대해 공부했다. 라이트 아트는 전시관의 조명으로만 사용되던 라이트를 예술의 한 분야로 가져온 것이다. 1960년대 미국의 댄 플레빈에 의해 시작되어 형광등을 주소재로 빛의 다양한 효과를 표현하는 새로운 장르다. 네온 역시 라이트 아트의 소재가 되었기에 자연스레 내 연구와 도전 분야도 라이트 아트 쪽으로 옮겨 갈 수 있었다. 그러다 보니 하나둘 소재가 다양해지고 작품으로 표현하는 것도 자유로워졌다.

'작품에 움직임을 주는 건 어떨까?'

'보여 주는 것만이 아니라 관람객이 직접 작품을 완성시켜 나가게 하는 것도 의미 있지 않을까?'

호기심은 도전을 낳고, 도전은 또 다른 도전을 낳는다. 라스베이거스의 거리에서 받은 신선한 충격은 새로운 소재에 도전하는 계기가 되었다. 그리고 그것은 라이트 아트와 키네틱, 네트워크 아트와 같은 진보적인 예술 세계에 대한 도전으로 또 한 번 나를 이끌었다.

## ■■■ 테크네와 아르스의 만남

영화 한 편을 놓고 보더라도 사람의 취향은 각기 다르다. 어떤 사람은 예술 영화를 좋아하지만 어떤 사람은 로맨틱하고 영상미가 넘치는 영화를 선호한다. 취향이 극단적으로 엇갈릴 경우, 매표소 앞에서 설전을 벌이다가 각자 다른 영화관으로 발걸음을 옮기는 해프닝이 벌어지기도 한다.

그건 나 또한 마찬가지다. 나는 여자들이 좋아할 법한 로맨틱 영화보다는 SF영화를 좋아한다. 사이버 전사들이 세상을 휘젓고 다니는 매트릭스 같은 영화를 즐겨 본다. 하지만 대부분은 이런 내 취향에 의외라는 반응을 보인다. 예술 분야에 종사하는 여성이자 교수라는 타이틀 때문인지 납득이 가지 않는다는 듯 고개를 갸웃거리기 일쑤다. 그러면 나는 별 수 없이 한 마디 설명을 덧붙인다.

"다른 작가들이 흙이나 나무를 조각하고 있을 때 나는 홀로그램을 사용했다고. 이렇게 설명해도 내 취향을 모르겠어?"

나는 예전부터 미래의 세계를 동경해 왔다. 어렸을 때부터 SF 영화를 보면서 저런 게 언제나 가능해질지, 미래창조·기술혁신으로 영화에 나오는 것과 같은 세상이 온다면 얼마나 신이 날지 상상하며 가슴 설레던 SF

마니아였다. 내가 새로운 장르와 새로운 재료에 대한 호기심이 남다른 것도 같은 맥락이다.

유학 시절에도 미래지향적인 재료로 꼽히던 홀로그램과 비디오, 3D 영상 등 첨단 과학 매체에 깊은 관심을 가졌다. 당시 이름조차 생소했던 그 매체에 이끌려 그것들을 작품에 수용할 방법을 연구했다. 홀로그래피에

<<< 전자정원 / 네온, 스테인리스 스틸, 홀로그램, 조명, 자갈 / 가변설치 / 2002

의해 생성된 3차원적 사진인 홀로그램은 보는 위치에 따라 모습이 변하기 때문에 그 자체만으로도 동적인 효과를 냈고, 레이저의 강력한 빛은 그 어떤 라이트보다 신비롭다는 점에서 매력적인 소재였다. 비디오가 대상의 움직임을 재생한다면 3D 영상은 거기에 입체적인 영상미까지 더해 보다 역동적인 인상을 이끌어 낼 수 있었다.

'그래 이거야! 내가 바라고 표현하고 싶은 세상이 바로 이거였어!'

공교롭게도 내가 주목한 매체는 모두 빛과 관련된 것들이었다. 그러면서도 각기 다른 개성과 특징을 지니고 있어 표현의 폭을 넓히는 데 크게 기여할 수 있었다. 모르긴 해도 그때까지는 한국에서 그러한 매체를 작품에 활용하는 일이 거의 없었다. 이런 일련의 새로운 소재와 매체를 발굴하면서 나는 내내 기분 좋은 설렘을 느꼈다. 남들이 시도조차 하지 않는 것에 도전한다는 사실만으로도 마치 신천지를 개척한 것처럼 가슴이 뿌듯했다. 어린 시절, 아무도 걷지 않은 눈 위에 발자국을 선명하게 남길 때의 기분이랄까.

나는 부지런히 발품을 팔아 매체를 연구하는 곳들을 알아보기 시작했다. 달리 정보를 얻을 곳이 없던 나로서는 일일이 찾아다니며 직접 부딪치는 수밖에 없었다. 그러나 아무리 미국이라도 홀로그램이나 3D 등을 전문적으로 다루는 곳은 드물었다. 이곳저곳을 수소문한 끝에 드디어 나는 3차원 영상 홀로그램 연구소를 알아냈다. 사전 연락도 없이 무작정 그곳을 찾아갔다. 숫기도 없고 말수도 없는 편이었으나 그곳에 가야만 원하는 것을 배울 수 있다고 생각하니 두려울 게 없었다.

"한국에서 온 조각가입니다."

연구소 측에서는 느닷없이 나타나 자신을 소개하는 동양 여자를 신기해하는 눈치였다. 나는 아랑곳하지 않고 그곳에 찾아온 까닭을 설명했다. 유학생활을 하면서 어느 정도 의사소통은 가능했기에 뜻을 전달하는 데는 큰 무리가 없었다. 연구소 측에서는 시종일관 나를 친절하게 대하면서도 아티스트라는 말에 특히 흥미로워했다.

"저는 3차원 영상과 3차원 사진인 홀로그램에 대해 공부하기를 원합니다. 제 작업에 꼭 사용하고 싶습니다. 그러니 함께 작업할 수 있도록 도와주세요."

그들은 엔지니어였고, 나는 아티스트였다. 자칫 어울리지 않는 조합일 수도 있었지만 영상매체라는 공통분모로 소통을 시도하니 통하는 부분이 있었다. 내 간절한 눈빛 덕분인지 다행히 반응도 호의적이었다.

그날 이후 나는 매일 연구소를 찾아갔다. 홀로그램이 어떻게 제작되는지 눈으로 직접 확인했고, 대상 물체를 3차원으로 재생하는 과정을 통해 입체감이 살아나는 신기한 현장을 체험했다. 사람의 모습을 홀로그램으로 볼 때 어떤 위치에서는 왼쪽이, 다른 위치에서는 정면이 보인다는 사실을 확인하며 입체적으로 대상을 감상하는 방법을 익히기도 했다.

열심히 공부했으니 이제는 그 지식을 활용해 작품으로 만들 차례였다. 연구소 측에서는 먼저 간단한 작품부터 만들어 볼 것을 제안했다. 그리고 홀로그램을 작품에 도입하기 위해 어떤 방법을 선택해야 할지 심도 있는 토론을 나누었다. 엔지니어라는 입장 때문인지 기술적인 부분만을 중시해 처음에는 약간의 대립도 있었으나, 그들은 이내 창작자인 내 의도와 의견을 존중해 주었다. 그 결과, 생애 최초로 3차원 영상을 작품에 도입할 수 있었다. 한 번 홀로그램을 작품화하는 데 성공하니 다른 매체를 작품과 접목시키는 것도 수월했다.

홀로그램 연구소에서 매체를 다루는 법을 배운 뒤, 이번에는 씨 그래프Sig Graph라는 단체를 찾았다. 씨 그래프는 미국 계산기 학회의 컴퓨터 그래픽스 분과의 약칭이자 매년 열리는 협의회의 이름이었다. 동시에 세계 각국의 그래픽, 캐드CAD 작업 등을 다루는 기업체들의 모임이기도 했다. 진보적인 작품을 추구하고 있던 나는 당장 그들을 찾아가 접촉을 시도했다. 예술에 미쳐 있어 새로운 것을 익혀 작품에 도입하겠다는 것 이외에는 아무 생각도 없던 시절이었다.

나는 예술과 첨단 과학이 만나는 접점에 매력을 느꼈다. 과학의 산물을 예술에 수용해 통합적이고 조화로운 장場을 표현하는 데 목표를 두었다. 내가 SF 영화를 좋아하고 첨단 과학을 동경했던 이유도 거기에 있었다.

오늘날 예술을 의미하는 아르스Ars라는 단어는 본래 그리스어 테크네Techne에서 온 말로, 이는 현실을 더 낫게 만드는 기술을 의미했다. 아르스가 예술 활동의 미적美的인 의미로 한정되어 기술 일반을 뜻하는 테크놀로지Technology와 구분해 쓰이게 된 것은 18세기에 이르러서의 일이다. 그러므로 르네상스 이전까지의 예술은 사실상 기술을 의미한다고 볼 수 있다.

개인적으로 존경하는 이어령 교수도 테크네와 아르스를 거론하면서 같은 요지의 글을 썼다. 정보통신과 생명공학으로 상징되는 정보화 사회에서는 기술과 예술, 과학과 문화가 하나의 큰 테두리 안에서 어우러지며 이제는 다시 기술과 예술이 하나였던 시대로 향하고 있다는 것이다. 그 글을 읽으면서 나는 은근한 자부심을 느꼈다. 20여 년 전에 이미 테크네와 아르스가 하나임을 체험하여 작품화했고, 지금까지도 그러한 노력을 계속해 오고 있기 때문이다. 이제부터는 또 어떤 테크네와 아르스의 하나 됨을 시도하게 될지, 한 배에 탄 기술과 예술이 어디로 향하게 될지 나 또한 기대가 된다.

사냥에 능한 개 한 마리가 있었다.
나이가 들어 후계자를 세워야 할 시기가 오자 개는 후배 강아지들에게 사냥 강의에 나섰다.
"자, 오늘은 어떻게 하면 사냥을 잘할 수 있는지 내가 직접 시범을 보여 주겠다."
위풍당당하게 앞으로 나선 개는 자신이 가장 자신 있는 토끼 사냥에 가볍게 도전했다.
사냥한 토끼로 점심이나 해결하자는 마음이었다.
저 멀리 표적이 된 토끼가 달리기 시작하자 사냥개는 재빨리 뒤를 쫓으며 토끼를 몰았다.
그런데 이게 웬일인가.
쉽게 잡을 수 있으리라는 예상과 달리 보기 좋게 토끼를 놓치고 만 것이다.
토끼를 놓친 사냥개는 의아해하는 강아지들 앞에서 이렇게 말했다.
"내 불찰이다. 토끼는 살기 위해 뛰었지만
나는 그저 점심 한 끼를 때우려는 마음으로 사냥을 했을 뿐이다.
이 교훈을 잊지 마라. 확실한 목표를 가지고 덤벼라.
그래야만 좋은 결과를 얻을 수 있을 것이다."

얼마 전 읽은 책에 나오는 내용이다.
죽기 살기로 뛰었던 토끼와 그저 점심 한 끼를 때우기 위해 뛴 사냥개 사이에는
분명 엄청난 차이가 있다. 그러므로 최상의 결과를 얻기 원한다면
확실한 목표 의식부터 재정립해야 할 것이다.

# 3

# 변혁, 그 짜릿한 도전

## ■■■ 도전하는 프런티어

유학을 마치고 돌아와 한국에서 두 번째 전시회를 열었을 때, 한 평론가는 이런 평을 내놓았다.

"심영철의 작품은 '열린 공간' 을 전제로 하고 있다. 그의 조형물은 우리의 일상 공간에 새로운 또 하나의 환경을 창출해 낸다. 그의 작업은 앞으로 더 넓은 영역으로 확산되어 갈 만한 잠재력을 지니고 있다. 이 젊은 여류 조각가는 그 잠재력을 더욱 다양한 실험적 시도로 실현시켜 나갈 것이다."

반응은 호의적이었다. 새로운 재료, 그것도 한국에서는 거의 시도조차 하지 않은 첨단 소재를 활용했다는 점이 신선했는지 언론에서도 연일 호평을 쏟아 냈다. 학교에서 강의 제의가 들어오기도 했다. 하나같이 고맙고 감사한 일이었다. 기대 이상의 반응에 조금은 얼떨떨하기도 했다.

사실 두 번째 개인전을 준비하는 동안 나는 여러 가지 어려움에 시달리고 있었다. 귀국할 때만 해도 많은 것을 보여 주고 표현하리라 의욕에 가득 차 있었지만, 정작 나를 기다리고 있던 것은 믿었던 사람으로부터의 배신이었다. 그 상실감이 너무 커서 작업 도구를 내려놓은 채 수 개월을 그냥 흘려보낼 수 밖에 없었다.

그때 나를 버티게 해준 것은 신앙의 힘이었다. 마음을 추슬러 가까스로 감정의 소용돌이에서 빠져나오는 길잡이가 되어 주었다. 나는 가장 낮은 자세로 돌아가 전시회 준비에 착수했다. 절망에 빠져 있던 나를 일으킨 신앙과 예술의 관계를 표현하기 위해 전시회의 테마를 〈Jesus Love You〉로 정하고 첨단 소재를 이용한 현대적인 작업 방식을 도입했다. 거기에는 온고지신溫故知新의 정신, 즉 보수적으로 비칠 수도 있는 옛것에서 새로운 메시지를 발견해 내겠다는 나름의 각오가 담겨 있었다.

우선 전시장 전체를 하나의 무대로 설정했다. 그리고 그 위에 십자가를 세워 배신하는 사람조차 용서하라던 예수의 사랑을 표현했다. 고통을 의미하는 가시 면류관은 네온의 은은한 빛으로 상징화시켰고, 사람과 하나님 사이에 죄의 벽이 무너졌음을 의미하기 위해 붉은 우단 천을 찢어 붉은 빛 네온을 둘렀다. 그러자 전시장은 성스러운 느낌을 주는 공간으로 탈바꿈되었다. 종교적인 색채가 다소 강한 탓에 걱정이 되기도 했으나 있는 그대로의 나를 드러내는 것이 작가로서 정직한 자세라고 생각했다.

그렇게 작품에 몰입하는 사이, 마음을 억누르던 고통도 한결 가벼워졌다. 처절한 절망감을 고스란히 작품에 쏟아 낸 덕분이었다. 삶의 곤고함이 작품을 통해 정화된 기분이라고 해야 할까. 결과적으로는 고단한 상황에서도 포기하지 않고 치러낸 전시회가 내게 카타르시스이자 전화위복의 기회가 된 셈이었다.

이듬해 이어진 세 번째 개인전에서는 관람객에게 보다 가까이 다가가는 데 초점을 맞추었다. 작가로서의 생각과 감정만을 내세울 게 아니라 관람객들과 함께 메시지를 만들어 나가기를 원했다. 표현 방식의 극대화를 위해 관람객과의 소통에도 관심을 두기 시작한 것은 나로서도 미처 예상치 못했던 새로운 욕구였다.

그런 의미에서 세 번째 개인전의 주제는 〈인간, 우리는 어디서 와서 어디에 있다가 어디로 가는가?〉로 정했다. 인간의 삶이 어디에 중심을 두고 있는지 관람객들과 함께 생각을 나누려는 의도였다. 그래서 고안해 낸 아이디어가 전시장 바닥에 모래를 깔고 사람들이 그 위를 걷도록 하자는 것이었다. 모래 위를 걸으면서 중간에 설치된 열두 대의 모니터를 통해 자신의 뒷모습을 볼 수 있도록 했다. 우리는 매일 거울을 통해 자신의 모습을 확인하지만 정작 뒷모습은 보지 못하고 살아간다. 나는 그 잊혀진 뒷모습을 되새겨 삶의 여정과 목적에 대한 사고를 이끌어내고 싶었다.

사람들의 반응은 제각각이었다. 처음에는 생소한 전시 분위기에 적응을 못하는 듯싶더니 이내 신발을 벗고 모랫길을 걷기 시작했다. 어떤 이는 빨리, 또 어떤 이는 천천히 걸으며 모니터 영상에 비친 자신의 뒷모습을 곰곰이 바라보았다. 간혹 한숨을 내뱉는 사람들도 있었다. 그럴 때면 나 역시 동시대를 살아가는 입장에서 그들이 느끼는 회한에 깊은 공감을 하기도 했다. 〈우리는 어디에서 왔는가? 우리는 누구인가? 우리는 어디로 가고 있는가?〉라는 폴 고갱의 대작을 연상하는 분들도 있었다.

<<< 관객참여 퍼포먼스–인간, 우리는 어디서 와서 어디에 있다가 어디로 가는가 / 혼합재료 / 인공갤러리 / 1990

또 하나의 작품인 〈메시지Message〉는 성경에서 영감을 얻은 파격적인 도전작이었다. 그것은 성경의 검은 표지와 붉게 칠해진 페이지의 날에서 받은 '적赤과 흑黑'의 대칭적 색감을 형상화한 것으로 모티브가 된 성경을 바벨탑처럼 쌓아 놓은 뒤, 관람객들에게 하나씩 나눠 주는 퍼포먼스를 시도했다. 거기에는 두 가지 뜻의 담겨 있었다. 하나는 그 자체로 메시지, 즉 복음을 전하는 데 있었고, 동시에 그런 행위를 통해 인간이 쌓아 올린 바벨탑을 하나씩 허무는 과정에 목적이 있었다. 예술이 거대한 성이나 바벨탑처럼 어떤 권위이기보다는 홀씨처럼 퍼져 나가는 작은 메시지에 가깝다는 사실을 전하고 싶은 생각도 있었다.

이 퍼포먼스 역시 기대 이상의 호응을 끌어냈다. 자칫 종교적으로만 해석되어 작품 전체가 폄하되지 않을까 우려했는데, 그런 걱정을 순식간에 날려버릴 만큼 반응이 뜨거웠다. 미술계에서는 센세이션을 일으킬 만큼 새로운 시도라며 호평을 쏟아 냈고, 평단에서도 특별한 매체를 활용하여 실험적인 작품세계를 펼치는 젊은 여류 작가를 격려하는 뜻으로 큰 상을 수여했다. 내 이름 앞에 설치미술가 외에 디지털 미디어 아티스트, 테크니컬 아티스트 등의 수식어가 따라붙기 시작한 것도 이때부터였다. 그러나 무엇보다  큰 소득은 '예술이 관람객과 더불어 어우러지는 소통의 문화'라는 사실을 많은 이들이 공감한 데 있었다.

그 후로도 20여 년이 넘는 시간 동안 수십 차례의 개인전과 단체전에 참여해 왔다. 그럼에도 전시회는 늘 커다란 숙제로 다가온다. 새 작품을 시작할 때마다 엄습하는 부담감과 전과는 다른 새로움으로 거듭나야 한다는 책임감은 어쩌면 작가로서 평생 지고 가야 할 과제인지도 모른다. 하지만 그런 도전의 기회를 누릴 수 있다는 사실에 가슴 뛰는 희열을 느끼는 것 또한 사실이다. 나를 성장하게 하고 보다 나은 영혼으로 성숙하게 하는 것도 바로 그런 도전의지에 있기 때문이다.

프런티어 정신이라는 말도 있지 않은가. 이 말에는 미국의 역사와 문화에서 빼놓을 수 없는 강인한 개척정신이 담겨 있다. 오늘날 미국이 거대국가를 형성할 수 있었던 배경에도 모험을 향한 동경과 꿈을 실현하려는 프런티어 정신이 있다.

나는 예술가에게도 이와 같은 정신이 필요하다고 생각한다. 평생토록 한 가지 소재와 재료만을 가지고 늘 같은 모습만 보여 준다면 얼마나 권태롭고 지루할 것인가. 세상이 변하고 사람이 변해 가듯 예술 또한 매순간 스스로를 혁신하는 노력을 경주해야 한다. 새로운 문화와 사회적인 흐름 속에서 시대의 화두를 제시하는 프런티어 정신을 잃지 않을 때, 예술은 비로소 영원을 향한 첫걸음을 뗄 수 있지 않을까.

## ■■■ 동역자

나날이 다 새롭고 뜻 깊지만, 지금까지 가장 기억에 남는 순간이 언제였는지 묻는다면 나는 1990년도를 꼽겠다. 갓 유학을 마치고 돌아와 한창 의욕에 넘쳐 있던 시기였다. 눈에 들어오는 모든 것을 재료로 삼고, 도전적으로 배움을 넓혀가던 시기였고, 한국예술평론가협회에서 선정한 미술부문 최우수예술가상을 수상한 것도 바로 그해였다. 아이러니한 사실은 아티스트로서 한창 영예를 누리고 있던 그때, 정작 나는 여러 가지 일로 내상을 앓고 있었다는 점이다. 사람과 사람 사이의 신의에 깊은 절망감을 느끼고, 신학 공부를 생각할 정도로 내적으로 심각하게 흔들리고 있었다.

그런 내게 손을 내민 사람이 있었다. 미술평론가로 명망이 높은 이일 교수님이었다. 교수님은 내 전시회를 보고 설치미술에 관심을 갖게 되었다면서 작품에 대해 보다 자세한 이야기를 듣고 싶어 하셨다. 교수님은 큰 키에 트렌치코트와 베레모를 쓴 겉모습부터 파리지앵 같은 분위기를 풍기는 분이었다.

"전시 아주 잘 봤어요. 새롭고 파격적이면서도 젊은 작가다운 패기가 느껴지더군요."

나는 감사한 마음에 꾸벅 인사를 드렸다. 그리고 함께 차를 마시면서 설치미술에 대한 이야기를 이어 나갔다. 내가 추구하는 작품세계, 교수님이 흥미롭게 본 부분에 대해 사뭇 진지한 대화를 주고받았다. 그러는 사이 우리는 예술가로서 통하는 부분을 느꼈다. 그런 친밀감 때문이었을까. 어느덧 대화는 유명 평론가와 젊은 작가의 만남을 넘어 진솔한 고민을 주고받을 만큼 깊어졌다. 나는 미술계의 후배이자 작가로서의 고충, 좌절감을 안기는 현실의 문제들에 대해 토로했다. 교수님은 내내 인자한 얼굴로 내 이야기를 들었다. 그러더니 어느 순간 조용히 나를 향해 말했다.

"심 선생이 지금 힘들어하고 있다는 얘기는 들었어요. 모교 강단에 설 기회를 잃었다는 것도 알고, 강사로 고단하게 지내고 있다는 것도 알아요. 그래도 작품활동을 그쳐서는 안 돼요. 작품에 몰두할 때 비로소 살아 있다는 사실을 느끼는 사람들이 바로 예술가니까요."

부드러운 충고였지만 정신이 번쩍 들었다. 여러 일에 치이면서 내가 누구인지, 무엇을 하는 사람인지 잊고 있었다는 생각이 들었던 것이다. 그랬다. 나는 작품을 만들고, 그것에 몰두하는 예술가였다. 그럼에도 그 사실보다는 나를 흔들어 대는 일들에 휘둘려 그 사실을 잊고 있었다. 간간이 강단에도 서고 전시회도 해왔지만 실은 순간순간 그 모든 걸 내려놓고 싶어 했고, 그저 가까스로 버티고 있을 뿐이었다. 교수님은 그런 내 속내를 꿰뚫어 보고 작가로서의 나 자신을 상기시켜 주었다. 뿐만 아니라 따뜻한 선배의 입장에서 삶의 멘토가 되어 주셨다.

그날 이후 나는 종종 교수님 댁을 방문하여 교수님의 가족들과도 가까운 사이가 되었다. 특히 신앙적인 면에서 사모님과 통하는 부분이 많아 만나면 늘 할 얘기가 넘쳤다. 예술과 신앙이라는 공통분모 속에서 나누는 대화는 그처럼 즐겁고 기꺼웠다.

"이봐요, 심 선생! 내가 요즘에 덧났어요."

"예? 덧났다니요?"

교수님의 말에 의아해하자 사모님이 깔깔거리며 무릎을 치셨다.

"이이가 신앙으로 거듭났다는 말을 덧났다고 표현하는 거예요."

"네에?"

세상에 많은 사람이 있지만 꿈과 예술에 대해, 어지러운 세상 속에서 신앙을 지켜 가는 어려움에 대해 마음을 나눌 사람은 생각만큼 많지 않다. 하지만 그때 내 곁에는 엉뚱하면서도 순수한 교수님과 그의 가족이 있었다. 솜씨 좋은 사모님의 식탁에 초대되어 훈김이 오르는 음식들을 바라보고 있노라면 새삼 내가 참 행복한 사람이구나 하는 생각에 울컥 눈물이 솟을 때도 있었다.

이일 교수님은 젊은 나를 작가로 존중하면서 작품에 대한 격려도 아끼지 않았다.

"심 선생, 나는 개인적으로 당신을 존경해요. 남들이 시도조차 하지 않은 장르를 하고 있잖아요. 예술을 공학적인 방법으로 구사하는 일은 아무나 할 수 있는 일이 아니에요. 언젠가는 당신의 역량이 반드시 부각될 거예요. 내가 보장해요. 명색이 내가 평론가잖아요."

교수님은 나를 응원하는 한편으로 꿈을 펼쳐 나갈 기회를 열어 주시기도 했다. 진보적인 미술을 하는 이들에게는 문턱이 높다고 알려진 선화랑(현재의 선 아트센터)의 고 김창실 회장님에게 내 작품을 소개한 분도 바로 이일 교수님이었다. 작품을 본 회장님은 젊은 여성작가의 마인드와 작품에 깊은 인상을 받았다며 선뜻 전시 공간을 허락했다. 지금도 그렇지만 선화랑이 미디어 아티스트의 전시를 한다는 것은 상당히 파격적인 모험이었다. 비상업적인 미술작품을 전시한다는 사실만으로도 커다란 이슈가 될 정도였다. 그럼에도 김창실 회장님 내외분은 내 실험정신과 도전의식을 높이 평가하여 어머니처럼 지원과 조언을 아끼지 않았다.

신뢰 속에서 다져진 관계는 건강한 뿌리처럼 뻗어 나가 또 다른 인연을 만들었다. 이일 교수님을 통해 수원대학교의 고 박승규 학장님을 만나게 된 것이다. 학장님은 영상미디어와 다양한 매체를 이용한 전시를 보시고는 대번에 강사직을 제안하셨다. 마침 학교에 영상미디어를 가르칠 교수가 필요해 고민하던 중이었다면서 나를 맞아 주셨다. 그때의 인연이 이어져 결국 교수가 되는 꿈을 이루었으니 생각할수록 감사할 따름이다.

이렇게 그간의 인연을 떠올리다 보니 문득 가슴 한구석이 뭉클해진다. 외로운 길인 줄도 모르고 지금까지 꿋꿋이 걸어올 수 있었던 것도, 아찔할 만큼 힘겹던 시기를 통과해 세 번째 전시회를 열 수 있었던 것도 생각해 보면 모두 그분들 덕분이었다. 그럼에도 받은 만큼의 사랑을 돌려드리지 못했다는 생각을 하면 늘 저릿한 후회와 안타까움이 밀려온다. 특히 이일 교수님의 병상을 지키지 못한 일은 두고두고 후회로 남는다. 하지만 지금으로서는 그분이 떠난 빈자리를 보며 마음 따뜻했던 추억만 아련히 떠올릴 수 있을 뿐이다.

꿈에도 '동역자'가 필요하다. 곁에서 함께 걷는 사람이 있을 때, 더 먼 지평을 꿈꿀 수 있다. 누구에게나 그런 이가 있다. 그러니 꼭 필요한 충고를 하는 사람, 잊었던 꿈을 자각시키는 사람이 곁에 있다면 반드시 그분의 말을 귀 기울여 듣기를 권한다. 아무리 작은 인연이라도 가벼이 지나치지 않는다면 모퉁이를 돌듯 인생에 큰 전환점을 이루는 계기를 맞게 될 것이다.

# ▪▪▪ 전자정원의 탄생

"심영철 교수님, 대전엑스포 전시에 참여해 주셨으면 합니다."

전화로 엑스포 전시의 제안을 받던 날은 온종일 가슴이 두근거렸다. 엑스포라면 세계적인 행사가 아닌가. 한국을 넘어 세계적으로 작품을 알릴 수 있는 더 없이 좋은 계기였다. 행사를 주최하는 측의 의도와 내가 추구해 온 작품세계가 잘 맞는 데다 나 역시 대중적으로 메시지를 전달할 수 있는 기회이기도 했다. 이런 기회는 얻고 싶다고 해서 얻어지는 것도 아니고, 하고 싶다고 할 수 있는 것도 아니었다. 주최 측은 첨단 과학을 선보이는 세계적인 행사인 만큼 첨단 테크놀로지를 이용한 중견작가들의 작품들을 전시하여 과학과 예술이 어우러진 공간을 창조하겠다는 의도를 갖고 있었다. 그런 자리에 테크니컬 아티스트로 초대되었다니 생각할수록 감사한 일이었다.

하지만 그처럼 큰 전시에 걸맞은 작품을 내놓을 수 있을지 선뜻 자신이 서지 않았다. 그즈음 찾아온 결혼생활의 위기로 심신이 상당히 지쳐 있는 상태였다. 이런 상처와 연약함으로 관람객은커녕 나 자신조차 위로할 만한 작품을 만들어 낼 수 있을지 막막한 심정이었다.

‹‹‹ 전자정원 / 모니터, 영상, 나무, 특수 컬러, 네온, 광섬유 / 가변설치 / 1993

그때였다. 머릿속에 흐릿한 이미지가 하나 떠올랐다. 인간의 원죄가 시작된 곳이지만 그보다는 태초의 파라다이스로 더 많이 기억되는 곳. 바로 에덴동산이 갑자기 거대한 영상으로 눈앞에 펼쳐졌다. 디테일한 구상이나 도면은 채 그려지지도 않은 상태였다. 하지만 첨단 매체들을 이용한 정원의 이미지가 하나둘 떠올라 나를 사로잡았다. 이제까지의 경험으로 보아 영감은 곧 응답이었다. 내 앞에 에덴동산이 어른거린다면 그것을 작품으로 만들어 내야 한다. 나는 벌떡 일어나 앉아 스케치를 시작했다. 순전히 본능적인 움직임이었다.

'정원을 실내로 옮겨 온다고 생각하자. 최초의 에덴동산은 평화로움과 아름다움이 넘쳐 나는 공간이었다. 그 에덴동산을 미래지향적으로 새롭

게 해석해서 인간적인 정서를 이끌어내는 거다.'

그렇게 해서 〈전자정원〉의 방향과 구상이 짜여졌다. 그것은 전부터 내가 여러 인터뷰를 통해 예고해 온 바이기도 했다.

"현대의 아티스트는 장르에 구애되지 않아야 한다고 봅니다. '이즘ism'에 흔들리지 않고 하이테크한 매체들을 모두 다룰 수 있는 능력을 가져야 한다고 봐요. 앞으로 저는 다양한 매체를 사용하여 획일화되어 있는 기존의 장르를 통합하고 살아 숨 쉬는 작품을 창조하는 데 에너지를 쏟을 겁니다."

다소 당돌해 보일 수도 있는 발언이었지만 그동안 예고해 온 구상을 현실로 펼칠 기회가 왔다는 생각에 분주히 작업을 진척시켜 갔다. 나는 타이틀을 〈전자정원〉으로 정하고 혁명적이라 할 만한 요소들을 작품에 도입했다. 활용할 수 있는 디지털 매체들을 최대한 선정했고, 물과 불, 흙뿐 아니라 비디오와 컴퓨터 그래픽, 당시로서는 생소한 터치스크린도 들여왔다.

이런 매체를 동원할 수 있었던 것은 카이스트 연구팀을 통한 사전 연구와 긴밀한 협조 덕분이었다. 엑스포가 열리는 대전이 과학도시이기도 했으므로 연구팀과의 만남 자체는 어렵지 않았다. 물론 처음에는 첨단 과학을 예술 분야에 응용하겠다는 의도를 인식시키기가 쉽지 않았다. 전에도 미국에서 테크니션들과 홀로그램을 연구하고 여러 매체를 공부해가며 작업한 경험이 있기에 인내심을 갖고 연구팀을 설득했다. 연구팀과 자주 만나 작품의 주제를 설명하는 한편으로 기술적인 면에 있어서의 이견을 좁혀 나갔다. 그러자 카이스트 팀도 과학이 예술과 결합되는 작업을 흥미로워하며 곧 작업에 참여의사를 밝혔다.

그럼에도 그것만으로는 여전히 부족하다는 생각이 들었다. 아무래도 뭔가 허전했다. 나는 전자정원을 탄생시킨 최초의 영감에서부터 작업과정을 되짚어 나갔다. 그러다가 실내로 옮겨 온 정원이라면 보이는 효과뿐 아니라 들리는 소리, 맡아지는 냄새, 만져지는 감촉까지 전달하는 게 좋겠다는 생각을 하게 되었다. 터치스크린은 시각적인 효과 외에도 촉각을 자극할 수 있었다. 그러나 그 외에 청각이나 후각적인 체험 등은 여전히 누락되어 있었다. 정원을 표방한다면 총체적인 감각들을 구현해 실제 정원에 온 듯한 느낌이 들도록 하는 게 중요했다. 말하자면 인터랙티브한 커뮤니케이션의 필요성을 느끼고 있었던 것이다.

관건은 내 머릿속에 펼쳐진 에덴동산을 많은 사람들과 소통이 가능한 예술작품의 형태로 구현하는 데 있었다. 관람객들과 상호 교감할 수 있는 커뮤니케이션의 장場을 통해 과학과 예술이 조화롭게 결합된 세상을 그려내고 싶었다. 그래서 나처럼 어둠과 절망의 시기를 지나고 있는 사람들에게 작은 빛이라도 비출 수 있기를 진심으로 바랐다.

그래서 전시공간에 수십 개의 나무 기둥을 설치하고 터치스크린을 건드리면 모니터에 꽃의 형상이 피어나도록 했다. 오브제로 선택한 꽃은 생명력과 희망을 상징하는 에덴동산을 바탕으로 생生과 멸滅의 순환을 표현

<<< 전자정원 / 혼합재료 / 가변설치 / 코엑스 인터콘티넨탈 호텔 / 1999

한 것이었다. 여기에 움직이는 원통형 홀로그램과 꽃 모양으로 반짝거리는 네온, 현란한 빛의 파동이 일어나는 광섬유 등을 이용해 자연과 예술과 기술을 결합시킨 종합작품을 완성했다.

얼마 뒤 〈전자정원〉은 고등학교 미술 교과서에도 실리게 되었다.

"낱알같이 흩어져 뒹구는 자갈 사이로 아담과 이브를 상징하는 꽃잎 형태의 오브제가 신비한 빛과 환상적인 모습으로 성장하며 부지런히 '에덴동산'의 메시지를 전달한다. 생성과 소멸의 반복적인 순환과정이 '유기적인 공간'을 바탕으로 건강한 생명력과 희망을 유지하게 되는 것이다. 또한 현실로부터 확장된 무한대의 공간과 에너지를 음陰과 양陽의 조화로운 원리를 통하여 제공하고 있으며, 새로운 메시지를 위한 진정한 생명력과 함께 반복되는 기起와 멸滅의 3차원적인 빛의 아름다움을 통해 제공받게 된다."

나 외에도 대전 엑스포에 초대된 작가들은 〈테크노 아트〉라는 타이틀에 걸맞은 아이디어와 재료들을 동원한 작품들을 선보였다. 폐품을 이용한 정크 아트에서부터 테크노 아트와 비디오 아트에 이르기까지 현대 과학의 산물이라 할 수 있는 재료와 영감을 살려 치열하게 각각의 공간을 구현했다. 엑스포가 진행된 1993년 9월부터 10월까지 〈테크노 아트〉전을 관람한 관람객은 수만 명에 달한다. 그 가운데 많은 이들이 첨단 과학을 이용한 최첨단의 예술에 새로운 정서를 경험했다며 감상을 전해 왔다. 특히 적극적으로 첨단 매체를 도입한 혁명적인 시도에 뜨거운 박수를 보냈다.

〈테크노 아트〉전을 통해 세상에 선보인 〈전자정원〉은 개인적으로도 새로운 지평을 연 기념비적인 사건이었다. 지금도 '아티스트 심영철' 하면 많은 이들이 〈전자정원〉을 제일 먼저 떠올릴 정도로 작가로서의 정체성을 확고하게 해 준 작품이었다. 게다가 숱한 화제를 남긴 그 전시는 이후

다른 전자정원 시리즈로 지속적으로 진화할 수 있는 원천이 되었다는 점에서 내게도 각별한 의미를 남겼다.

음악가 하이든은 기도를 통해 많은 영감을 얻었다고 한다. 그의 작품 〈천지창조The Creation〉 역시 기도의 결과라고 하는 걸 보면 그가 얼마나 신앙의 열정에 기댄 사람이었는지를 짐작할 수 있다. 나 역시 개인적으로 힘든 시기에 찾아온 기회를 그냥 흘려버릴 수도 있었다. 그러나 기도를 통해 '가든'이라는 영감을 받음으로써 변혁을 시도할 수 있었고, 그것을 계기로 예술가로서의 기반을 다질 수 있었다.

영감은 대가를 주고 살 수 있는 것도, 어느 날 갑자기 하늘에서 뚝 떨어지는 것도 아니다. 피 흘리는 아픔에 몸부림치며 더 이상 물러설 곳이 없는 절벽에서 자신을 지켜내려고 저항할 때, 내부로부터 주어지는 마지막 선물이 영감이다. 〈전자정원〉에는 내 자신의 그런 투쟁과 저항의 기록이 담겨 있다. 내가 〈전자정원〉에 남다른 애착을 갖는 것도 현실적인 아픔에서 벗어나 한순간의 영감을 작품으로 완성해 가던 그 시절의 내 자화상 때문인지도 모르겠다.

<< 전자정원 / 혼합재료 / 가변설치 / 토끼와 잠수함전 / 서울시립미술관 / 2000

## ■■■ 버섯, 성聖과 성性의 오브제

오브제란 예술과 현실을 연결시키는 상징적인 개체, 소재를 일컫는 말이다. 일상적인 사물이나 물건의 한 부분을 예술작품의 소재로 삼음으로써 작가들은 관람객들이 미처 체험하지 못했던 연상작용이나 정서를 불러일으킨다. 그래서 예술을 하는 이들에게는 애착을 갖는 오브제가 하나쯤 있기 마련인데, 내 경우에는 첫 번째 개인전에 사용된 빗과 그 후에 등장한 버섯을 주요 오브제로 꼽을 수 있다. 특히 〈전자정원〉 시리즈의 초창기에 등장한 버섯은 고독한 인간을 상징하기 위해 선택한 오브제였다.

1993년을 기점으로 시작된 일련의 〈전자정원〉 시리즈로 나는 평단의 호의적인 주목을 받으며 작가로서 탄탄한 길을 걷고 있었다. 대학 강단과 미술계에서도 자리를 잡아 가며 아티스트 심영철로서 어느 정도 이름을 알려 가던 때였다. 그러나 아무리 신앙에 매달려도 여성으로서의 상처와 엄마로서의 아픔을 극복할 길이 없었다. 결국 나는 은둔을 택했다. 대외활동을 줄이고 세상에 없는 사람처럼 숨죽인 채 살아갔다.

그렇게 고인 물처럼 정체된 시간을 보내고 있을 무렵, 가족들이 집에만 웅크리고 있던 나를 데리고 교외로 나갔다. 그저 바깥바람이나 쐬자는 제안이었지만 내가 자연에서 한 줄기 위로라도 얻기를 바라는 듯하여 군말 없이 따라나섰다. 나 때문에 가족들까지 벌 받듯 지낼 수는 없는 일이었다.

전날 저녁부터 내리던 비가 그쳐 모처럼 하늘이 맑았다. 억지로 따라나선 길이었지만 맑게 갠 하늘을 보니 마음이 한결 가벼웠다. 청명한 하늘 아래 펼쳐진 푸른 들판을 보는 것만으로도 눈이 맑아지는 기분이었다. 그런데 풀밭 사이로 뭔가 삐죽 솟은 것이 시선을 끌었다. 그것이 무엇인지 한눈에 알아볼 수는 없었다. 나는 재촉하는 일행을 먼저 보내고 걸음을 옮겨 그쪽으로 다가갔다. 가까이 가서 보니 그건 비에 흠뻑 젖은 버섯이었다.

버섯은 손가락 하나 정도나 될까 싶을 만큼 작았다. 어쩌면 그저 밟고 지나갔을 수도 있었고, 못 보고 지나쳤을 수도 있었다. 그럼에도 그것이 유독 내 눈에 띈 데에는 어떤 이유가 있는 것 같았다. 나는 우산처럼 생긴 버섯을 곰곰이 쳐다보았다. 음지에서 그만큼 자라난 모습을 보고 있자니 어쩐지 마음이 짠했다. 오랜 시간, 축축한 음지에서 조용히 자라고 있었을 것을 생각하니 애처로우면서 대견해 눈물이 핑 돌았다.

나는 주머니를 뒤져 찾아낸 자투리 종이에 스케치를 했다. 버섯을 스케치를 하는 동안 머릿속으로 여러 기억들이 스치듯 지나갔다. 대학원 시절, 요리학원을 다닐 때의 기억도 떠올랐다. 음식 재료로 나온 버섯을 손질하면서 생김새가 참 묘하다는 생각을 한 적이 있었다. 갓을 쓴 모습이 꼭 사람처럼 보여서 나중에 작품 소재로 써 보면 어떨까, 생각하며 피식 웃기도 했다. 그러고는 잊었다. 그런데 까마득하게 잊고 지내던 십여 년 전의

‹‹‹ 전자정원 / 가상현실, 컴퓨터, 철조, 돌, 홀로그램, 씨앗, 나무, 대리석, 모래, 조명, 네온 / 가변설치 / 토탈미술대상전 / 1994

그 일이 생생하게 되살아났다.

잠시 뒤, 종이 위에 다양한 형태의 버섯이 형상화되었다. 머릿속에 잠재되어 있던 버섯에 대한 이미지 덕분인지 오브제로서 특징을 잡아 내는 일이 그다지 어렵지 않았다. 버섯이라는 오브제는 그렇게 우연을 가장한 필연으로 다가왔다.

그날 이후 나는 버섯에 남다른 관심을 가졌다. 버섯에 대한 자료를 찾고, 참고자료를 읽거나 영상을 확인하면서 오브제로서의 버섯을 연구했다. 알면 알수록 버섯은 나와 쌍둥이처럼 닮은 데가 있었다. 어둠 속에서 은둔하듯 생명을 밝힌 모습을 볼 때면 나 자신을 바라보는 듯 가슴이 뭉클해졌다.

썩은 나무의 등걸에서 자라나는 버섯은 홀로 있기보다 무리를 지어 살아간다. 그러다가 바람에 포자가 날려 나무의 그루터기나 나무 등걸 위에 떨어지면 그 자리에 터를 잡고 어른 버섯으로 성장해 간다. 왠지 인간사와도 참 많이 닮았다는 생각이 드는 대목이었다. 사람 역시 살아가면서 여러 가지 아픔과 상처, 가시와 같은 나무 등걸에 기대어 살아야 할 때가 있지 않은가. 나 역시 그런 시간을 보내고 있었다. 버섯이라는 오브제는 결국 나에 다름 아니었다. 버섯을 오브제 삼아 작품을 준비하는 1년여 동안 상처는 서서히 회복되었다. 묵묵히 작품에 몰두하는 사이에 마음도, 얼굴도 한결 평안해졌다. 버섯은 상처받은 내 모습이 투영된 피사체이자 예술적 매개체였다.

사람들은 뜻밖의 반응을 보였다.

"어머나, 전자정원이 너무 에로틱해졌어요."

"심 교수님은 에로틱한 면이 있으세요. 어떻게 버섯을…."

미처 예기치 못한 반응이었다. 황당하고 난감했다. 내 은밀한 상처를 투영한 오브제가 성적으로 해석될 수도 있다니. 하지만 얘기를 들어보니 나름의 일리가 있었다. 버섯 그 자체를 형상화했을 뿐일지라도 보기에 따라

서는 그것이 남성성에 대한 상징이라고 느낄 가능성이 없지 않았다. 귀에 못이 박히도록 그런 얘기를 들어서인지 나중에는 남근 운운하는 관람객들의 반응이 차츰 이해될 정도였다.

그때부터 남모를 가슴앓이가 시작되었다. 기독교 신앙에 근거하여 메시지를 표현하던 작가가 노골적으로 성적인 표현을 한다는 오해를 살까 걱정이 되었던 것이다. 설상가상으로 발표된 작품이 이슈가 되어 신문에 대서특필되었다. 점입가경으로 치닫는 상황에서 할 수 있는 일이라곤 사람들이 작가의 본뜻을 헤아려 주기를 바라며 기도하는 것뿐이었다. 내가 떠올린 영감이 사특한 꾀에서 온 것이 아니라면 그것을 해결하실 분도 하나님이라는 생각이었다. 애꿎은 담화로 애써 만든 작품과 오브제가 우스갯거리가 되지 않기를 바랐다.

그렇게 기도를 이어 가던 순간이었다. 갈등과 번민으로 기도를 시작하던 때와는 확연히 다른 감정이 서서히 내 몸을 감쌌다. 깊은 바닷속으로 들어가는 것과 같은 평안함이었다. 이전에는 경험하지 못한 평안에 어느덧 고민과 갈등도 사라졌다. 그리고 문득 모든 것이 내 뜻대로 해석될 필요는 없다는 생각이 들었다. 사람마다 보는 관점은 다르고, 이런 일은 앞으로도 얼마든지 더 일어날 수 있었다. 그때마다 이렇게 전전긍긍할 수는 없었다. 작가의 손을 떠난 작품은 감상하는 이들의 몫이었다.

"어떤 것을 떠올려도 상관없어요. 그냥 즐기세요."

나는 이런 말로 쓸데없는 논쟁을 일축했다. 그리고 버섯을 작품의 오브

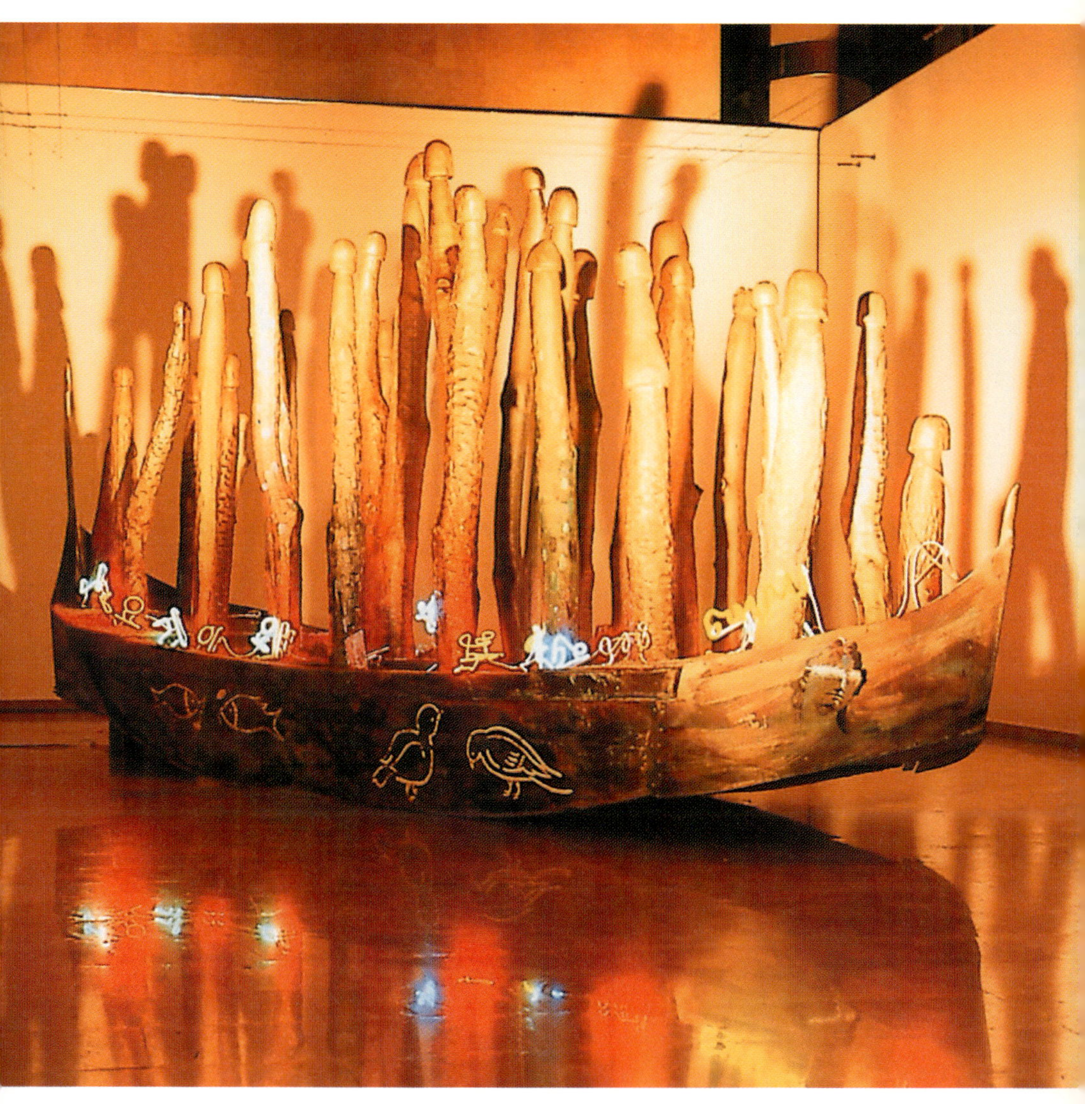

<<< 노아의 방주 / 나무, 네온, 흙, 특수컬러, 배, 조명 / 갤러리 아트빔, 서울 / 1996

제로 꾸준하게 활용했다. 사람들이 성적으로 보든 다른 의미로 해석하든 그건 전적으로 그들의 상상과 경험의 산물일 뿐이다. 작가는 표현의 수단으로 오브제를 선택할 뿐 그 외에는 다양한 생각의 채널을 열어두는 것이 바람직하다는 생각이들었다.

작품 속에서 버섯은 다양한 형태로 표현되었다. 어떤 때는 아담과 이브의 형상으로, 또 어떤 때는 한 가족처럼 무리를 이룬 형태로 형상화되었다. 네 개의 버섯이 옹기종기 어깨를 맞대거나 서로에게 머리를 기댄 가족의 모습처럼 말이다. 버섯이 가족의 형상으로 표현된 데에는 '스위트 홈'에 대한 동경 때문이었을 것이다. 어쩔 수 없는 상황에 의해 깨어진 개인적 아픔을 딛고 작품 속에서나마 평화로운 모습을 재현하고 싶은 마음이 내재돼 있었다.

1996년도의 〈섭리-사랑은 죽음처럼 강하고〉 전시에서는 버섯의 다양한 군상을 과학 매체와 접목해 표현했다. 철강과 나무, 청동으로 버섯을 조형화한 다음 흙을 두른 모니터를 둥근 원형으로 쌓아 모니터가 마치 흙 속에 파묻혀 있는 것처럼 연출했고, 〈노아의 방주〉라는 작품에서는 나무로 만든 배에 여러 개의 버섯을 올려 네온으로 장식했다. 여섯 개의 항아리 위에 다양한 버섯을 올려 둔 작품도 자연의 섭리에 담긴 포근한 정서를 전하고자 하는 의도에서 비롯된 것이었다.

이를 두고 평단에서는 버섯 오브제를 통해 자연과 신의 섭리를 형상화했다고 평하기도 하고, 성적인 상상력을 유발하는 버섯군상으로 작가가 제사장의 역할을 맡아 행위예술을 선보인 측면을 강조하기도 했다. 그러한 다양한 반응과 평론에 영감을 받아 나는 버섯에 담긴 성聖과 성性의 측면을 모두 포용해 갔다.

버섯과의 인연은 나에게 작가로서 변화할 수 있는 계기를 주었을 뿐 아니라 인간으로서 재기할 수 있는 기회를 선물했다. 삶과 예술을 이어주고, 버섯처럼 음지에 웅크려 있던 '나'와 세상 속으로 걸어들어간 '나' 사이에 견실한 다리를 놓아 주었다. 버섯은 내게 단순한 오브제 이상의 의미를 지닌다. 그것은 쌍둥이처럼 나를 닮은 모습으로 적시에 나타나 나를 일으키고 앞으로 나아가게 한 강력한 영감이었다. 내 삶의 한순간을 담은 조각이자 내 인생을 대변하는 상징적 오브제로서.

## 6감感 소통법

〈전자정원〉 시리즈를 계속 이어가면서 나는 좀 더 과감해졌다. 이번에는 사람의 6감感을 만족시키는 전시를 하자는 취지였다. 보고, 듣고, 냄새 맡고, 만지고, 맛을 느끼는 사람의 다섯 가지 감각에 영감을 더한 육감을 구현해 보자는 욕심이었다. 오감이 만족될 때 살아 있음을 생생하게 느끼듯 육감이 충족되면 관람객들과 보다 특별한 소통을 할 수 있을 것 같았다.

지금이야 영화 속 장면을 3D로 체험할 수 있는 시대지만 그때는 그런 기회가 거의 없었다. 그래서 그 기획이 시스템적으로 뒷받침만 된다면 상당한 반향을 끌어낼 수 있으리라 생각했다. 특히 대전 엑스포 같은 전시회는 세계 곳곳에서 관람객들이 오는 까닭에 언어가 아닌 오감을 소통의 도구로 삼을 필요성이 더 크게 대두되었다.

먼저 첨단 소재들을 재료로 선택해 보고, 만지고, 듣고, 느낄 수 있는 요소들을 가미했다. 그중 하나가 앞서 말한 터치스크린이었다. 손으로 건드리면 영상이 나오고 화면이 바뀌는 터치스크린은 당시만 해도 첨단 과학의 산물이었다. 시각적인 효과와 더불어 터치를 통해 촉각 체험을 제공할 수 있었다. 그런 한편으로 청각적인 효과를 극대화하기 위해 소리와 향기,

작품 속에서 짠맛을 볼 수 있는 소금 등을 작품에 끌어들여 오감을 만족시킬 수 있는 조건들을 갖춰 나갔다. 그리고 관람객들이 감각의 마지막, 영감을 완성시킬 수 있도록 작품마다 일정 부분 스스로 참여할 수 있는 여지를 남겨 두었다.

전시가 오픈되자 관람객들은 흥미롭게 작품을 감상했다. 첨단 과학과 예술이 어우러진 작품에 큰 관심을 드러내며 보고, 듣고, 직접 접촉하는 한편으로 향기를 맡고, 맛을 보았다. 그렇게 자유롭게 감상하면서 직관적으로 작품에 대한 이해에 도달하는 모습을 보였다. 외국인 관람객들도 "원더풀!"을 외쳐 대며 즐겁게 작품을 감상했다. 내가 바랐던 대로 6감을 통한 소통이 생생하게 충족되었다.

그 뒤로도 나는 전시회를 준비하는 과정에서 관람객과의 소통을 우선적으로 염두에 두었다. 〈전자정원〉에서 조금 더 폭을 넓힌 〈모뉴멘탈 가든〉으로 한 단계 도약적인 변화를 하면서도 대중과의 소통 노력을 늦추지 않았다. 일례로 2002년 가나 인사아트센터에서 열린 〈환경을 위한 모뉴멘탈 가든〉에서는 그래픽 영상을 이용해 전시장 전체를 푸른 바다로 만들고, 전시장 한 면에 예수의 얼굴 조각을 설치했다. 그리고 그 위에 애니메이션 영상으로 가시면류관을 씌운 뒤 핏방울과 눈물이 흐르게 했다. 관람객이 그것을 바라볼 때 자신의 얼굴과 예수의 얼굴이 오버랩 되어 마치 자신이 예수가 된 듯한 체험을 할 수 있도록 조형화한 것이었다.

아니나 다를까. 아무런 사전 정보 없이 전시장을 찾은 관람객들은 자신의 얼굴 위에 예수의 눈물이 오버랩 되자 붙박인 듯 우뚝 서 있기도 하고, 그 자리에서 조용히 눈물을 닦아 내기도 했다. 냉소적이고 차가운 현대의 도시민들이 우연히 찾은 전시회장에서 무장해제된 듯 울음을 삼키는 모습은 지켜보는 사람의 가슴까지 먹먹하게 했다. 그만큼 전시는 종교적인 테두리를 넘어서서 용서와 사랑의 의미를 생각해 볼 수 있는 자리가 되었다. 그야말로 내가 바라던 바였다. 전시된 작품과 그것을 보는 관람객, 한 걸음 뒤에서 그 모든 모습을 지켜보는 체험 속에서 감성은 증폭되고 확대되어 전방위적인 6감에 도달할 수 있었던 것이다. 내게는 눈에 보이는 상찬과 타이틀보다 그런 반응들이 더 행복하고 뿌듯했다.

영감은 과학자나 예술가들에게만 찾아오는 것이 아니다. 간절히 바라고 기대하는 사람이라면 누구나 영감을 만날 수 있다. 다만 나는 그것을 사람들에게서 끌어내기 위해 작품을 만들고 장소를 제공하는 작가의 입장에 설 뿐이다. 어쩌면 그래서 관람객과 소통하는 일에 더 많은 고민을 하게 되는지도 모른다. 내가 꾼 꿈의 풍경에 관람객들이 어떤 소리와 빛깔을 더할지, 그것이 우리 안에 어떤 평화로운 혁명을 일으킬 수 있을지 오늘도 나는 생각하고, 또 생각한다.

## ■■■ 자연과 인공, 테크닉의 조화

어느 날, 전시를 보고 난 관람객이 내게 이런 말을 했다.

"전자정원이라고 해서 전부 다 전자 매체일 줄만 알았는데, 흙도 보이고 나무도 보이네요. 자연과 어우러져서 그런지 신선하면서도 푸른 느낌이에요."

일면식도 없는 관람객이었으나 그는 내가 표현하고자 하는 바를 정확히 읽어 냈다. 그래서 더 기뻤다. 누군가 나와 같은 생각을 했다는 것은 곧 영감이 통했다는 뜻일 테니 말이다.

나는 균형감을 중시한다. 첨단 과학매체를 작품에 들여온다고 해도 자연적인 요소를 배제하지 않는다. 흙과 나무 같은 토착적인 소재에서 우러나는 편안함과 독특한 정서가 사라진다면 얼마나 획일적이고 삭막해질 것인가. 그래서 가능하면 한쪽에 집착하지 않고 균형을 맞추려고 노력한다. 고정관념에 매이지 않기 위해 지속적으로 변화를 시도하면서 새로운 것들을 찾아 나가는 것이다.

사실 이름 앞에 설치미술가나 디지털 아티스트라는 수식어가 붙기 시작하면서 내 작품에 대한 해석은 첨단 과학 측면으로만 부각되는 경향이

<<< 전자정원 / 혼합재료 / 가변설치 예술의 전당 미술관, 서울 / 1998

있었다. 그건 그리 반가운 일만은 아니었다. 첨단 과학으로 대두되는 정보화 사회가 21세기의 많은 부분을 차지한다고 해도 인간의 삶을 이끌어 가는 근간에는 자연이 바탕을 이루기 때문이다. 디지털의 세례를 받으며 살아가던 사람들이 아날로그 방식으로 회귀하려는 움직임을 보이는 것도 아마 같은 이유에서일 것이다.

자연은 사람의 정서와 감성을 풍요롭게 만든다. 풀밭 사이에 꼿꼿하게 피어난 버섯에서 뭉클한 감정을 느끼는 것이 인간이다. 길가에 핀 민들레 한 송이, 하늘거리는 코스모스에 깃들어 있는 계절을 읽을 수 있는 것도 인간이 자연의 일부이기에 가능한 일이다. 자연으로부터 와서 자연으로 돌아가리라는 사실을 직감하고 있기에 감성 또한 그 방향으로 향하는 게 아닐까.

그래서인지 내 작품에도 알게 모르게 늘 자연이 배면에 깔리곤 한다. 조각가로 처음 데뷔하면서 주재료로 삼은 것도 돌이나 흙, 나무와 물 같은 자연물이었다. 버섯을 조형화할 때도 흙이나 돌, 항아리, 나무 기둥 위에 버섯을 올리거나 자갈 위에 유리로 만든 변형된 버섯의 조형물을 올려놓는 식으로 늘 자연을 작품의 바탕에 두었다. 그래야만 안정감이 생기고, 따뜻한 감성이 전해지는 것을 느낄 수 있다.

나는 자연물로 기반을 닦아 놓은 뒤에야 조각으로 인공적인 부분을 가미해 미적인 요소를 더한다. 이때 주의할 점은 '욕심은 금물'이라는 사실이다. 잘해 보려는 욕심이 자칫 과도한 인공미로 작품의 격을 떨어뜨릴 수 있다. 소박하지만 아름답게, 고통이나 슬픔의 미적인 부분까지 극대화해서 표현하는 것이 가장 바람직하다. 내 경우에는 조각을 하기 전 서양화를 공부했던 것도 도움이 되었다. 조각 작품에 색을 활용하는 데 두려움이 없었던 것은 지난 시절 다져 놓은 다양한 배움 덕분이었다.

자연물과 인공적인 부분을 마무리한 뒤에는 표현을 극대화하기 위해 테크놀로지를 이용했다. 첨단 과학은 가장 강력하고 직접적인 표현의 수단이기 때문이다. 특히 테크놀로지는 예술적인 감성과 열정을 구현해 내는 데 있어 결정적인 역할을 수행한다. 영감에 역동적인 감각과 힘을 실어 주는 것이다.

내가 만든 하나의 작품에는 자연과 인공, 그리고 테크놀로지가 나란히 자리한다. 이 세 가지가 내가 추구하는 예술세계의 본질이자 이상을 구현하는 핵심 요소다. 나는 생명의 근원이 되는 자연과 미학적인 측면을 고려한 인공적인 면, 여기에 더해진 테크놀로지의 산물이 작품 속에 조화롭게 녹아들 수 있도록 최적의 황금비율을 찾아내고자 노력한다. 비슷비슷한 소재와 기법 속에서 심영철이라는 예술가의 정체성이 탄생하는 것도 바로 이 3요소가 조화와 균형을 이루는 순간이다.

## ▪▪▪ 창조적 영감을 붙들다

영국 시인 비버리 니콜스는 자신의 자서전에 젊은 시절 윈스턴 처칠을 만난 이야기를 이렇게 썼다.

"자네는 언제 글을 쓰나?"

"저는 영감이 떠오를 때까지 기다립니다."

당연한 듯 대답하는 니콜스에게 노벨 문학상을 받은 문필가이자 정치가인 처칠 총리가 말했다.

"그건 터무니없는 생각일세. 만일 자네가 영감을 얻을 때까지 글을 쓰지 않고 기다린다면, 진짜로 영감이 될 때까지 기다려야 할 걸세. 글을 쓰는 일도 다른 일과 다르지 않네. 만일 자네가 날씨가 좋아질 때까지 기다린다면 자네의 군대는 먼 곳까지 행진할 수 없을 거야. 자기 자신을 채찍질해서 글을 쓰는 것만이 작가의 유일한 길이라네."

흔히들 영감이 떠올라야 비로소 어떤 일에 착수할 수 있다고 생각한다. 하지만 영감은 대부분 절박한 상황에서 찾아온다. 유유자적하며 뭔가가 떠오르기를 기다리다가 영감을 얻는 경우는 거의 없다. 삶과 작품에 대해 집중하고 몰두할 때, 비로소 원하던 영감도 찾아낼 수 있다.

1992년, 당시 나는 예술과 과학을 접목시킨 설치미술가로 주목을 받으면서 여기저기에서 전시 제의를 받았다. 그 가운데에는 캐나다 토론토 테어도르 뮤지움에서 전시를 하고 싶다는 연락도 있었다. 여러 가지 일로 지쳐 있는 상황이었지만 일단 제안을 받아들였다. 작가로서 의무를 다해야 한다는 생각도 있었고, 국제적인 인정을 받아 전시를 하게 되었다는 점에 설레였던 것도 사실이다.

그런데 막상 토론토까지 작업 도구와 재료들을 싣고 갈 생각을 하니 걱정이 앞섰다. 때와 장소를 가리지 않고 앞치마를 두르고 용접기를 잡는 작가라고 해도 타국에서 홀로 해야 할 어마어마한 작업량을 생각하면 두려움이 앞서게 마련이다. 나는 고민에 고민을 거듭했다. 나중에는 잠을 자도 전시와 관련된 꿈을 꾸다가 깨어날 정도였다. 그 사이에도 시간은 흘러 떠날 날이 점점 가까워오고 있었다. 그러나 여전히 아무것도 결정하지 못한 채 재료들을 매만지며 밑작업만 계속했다.

초조하게 달력을 넘기던 어느 날, 끝내 막다른 벽에 다다랐다는 사실을 깨달았다.  그래서 헝클어진 생각과 고민을 정리할 겸 마인드맵을 짰다. 내가 두려워하는 것의 실체가 무엇인지, 무엇 때문에 조금도 앞으로 나아가지 못하는지 구체적으로 짚어 볼 생각이었다. 일단 한국에서 캐나다까지 작품들을 싣고 가는 과정을 구조화해 보기로 했다.

- 작업 도구들과 재료들을 박스에 넣는다.
- 박스들을 배에 실어 보낸다.
- 전시장에 도착한다.
- 박스를 해체한다.
- 다시 작업을 시작하여 완성한다.
- 전시한다.

종이 위에 쓰인 일련의 과정들을 짚어 가다 보니 헝클어진 실타래처럼 복잡한 것 같던 일이 조금은 정리가 돼가는 느낌이었다.

'캐나다에 도착할 즈음이면 박스는 모조리 여기저기 부딪혀 상하고 깨져 있겠지?'

그러다가 문득 한국에서 캐나다로 전시 재료를 옮기는 과정이 마치 우리네 인생 같다는 생각이 들었다. 내가 부친 짐들은 바다를 건너가는 과정에서 상처받고, 상하고, 더러는 사라지기도 할 것이다. 마치 인간이 살아가면서 겪게 되는 그 모든 일들처럼. 그렇다면 운반되고 해체되는 그 과정을 작품의 소재로 끌어들이는 건 어떨까? 생각이 거기에 이르자 짐작조차 못했던 아이디어가 잇달아 떠올랐다.

나는 전시회의 타이틀을 〈삶과 죽음을 주관하시니…〉로 정한 뒤, 나무상자의 불규칙한 표면과 상처를 보여 줌으로써 상자의 수납 기능 대신 형상을 전면에 내세웠다. 그것으로 일상적인 삶의 비틀리고 상처 입은 모습

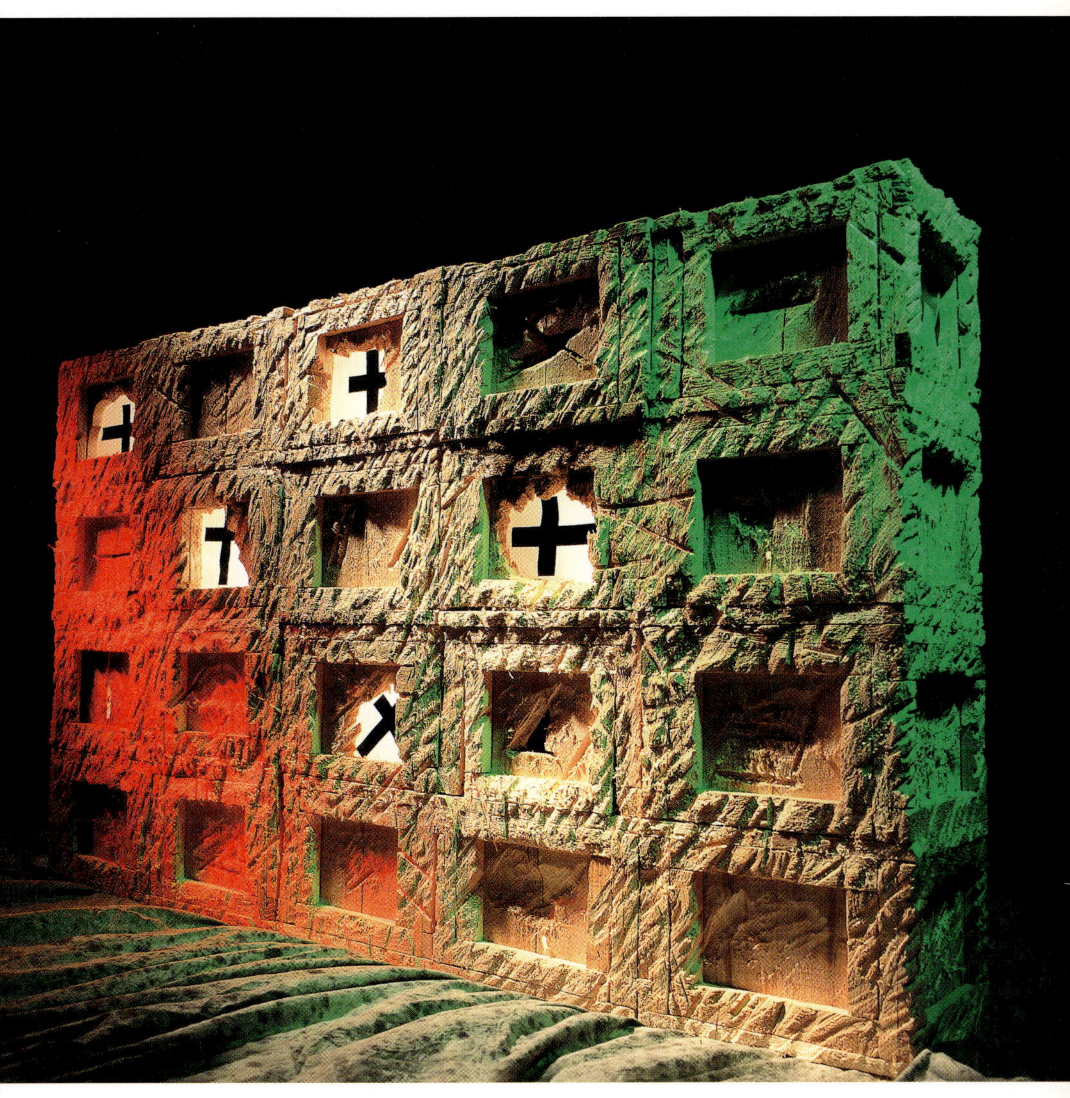

‹‹‹ 삶과 죽음을 주관하시니... / 혼합재료 / Theodore 현대미술관, 캐나다 / 1992

을 그대로 드러내고자 했다. 예상대로 바다 건너 캐나다로 운반돼 온 나무 상자들은 통관 절차를 겪으면서 여기저기 긁히고 상처 난 흔적이 수두룩했다. 그 상자들을 그대로 옮겨와 미술관에서 해체한 다음, 새롭게 조립해 작품으로 전시했다. 서울에서 토론토까지 멀고 긴 여정을 작품에 고스란히 새긴 것이다. 관계자들과 외국 관람객들은 새로운 시도라며 작품의 발상에 큰 관심을 보였다. 지나치기 쉬운 일상의 이면을 작품에 끌어온 점도 높게 평가했다.

나에게 창조적 영감은 명확하게 이미지화되어 나타난다. 그것이 다가올 때, 확실한 믿음을 가지고 부딪쳐야 변혁을 일으킬 수 있다. 그때도 그랬다. 치열하게 고민하고 시간을 쏟음으로써 창조적 영감을 얻어 그것을 작품에 구현했다.

예술가는 순간순간 무수한 영감을 받는다. 그러나 그 영감은 거저 주어지지 않는다. 치열하게 고민하고 처절하게 부서진 뒤에야 비로소 한 줄기 섬광처럼 스치고 지나갈 뿐이다. 그때 그것을 놓치지 않고 작품으로 형상화할 수 있는 것은 예술가 자신이 얼마나 그 일에 집중하고 있느냐에 달려 있다. 간절하게 몰두하는 이에게는 그 창조적 영감의 문이 열릴 것이고, 그렇지 않은 이에게는 그저 백일몽처럼 스쳐 지나가는 그림자에 지나지 않을 것이다.

영감을 원한다면 뜨겁게 열망하고 고뇌해야 한다. 창조적이고 변혁적인 영감은 행운이나 요행이 아니라 준비된 자세로 부지런히 움직이는 눈과 손에 의해 그물처럼 끌어올려지는 것이다.

"만약 백남준이 비디오로 그의 예술세계를 절정에 올려놓았다면

심영철은 〈전자정원〉으로 디지털 아트라는 그의 예술세계를 활짝 꽃피우고 있다."

"첨단 매체를 심미적 소통 기구로 사용하는 동시에 자연적 요소를 통해

인간의 정서와 감성을 자극한다."

〈평론가 김종근, 테크노피아의 전도사-심영철〉 중에서

평단에서는 나를 첨단 과학과 예술을 접목시킨 테크노피아의 전도사라고도 하고,

동양적인 분위기로 명상적인 세계를 표현하는 작가라고도 한다.

하지만 나는 그런 거창한 수사보다는 꿈을 꾸고

그것을 부지런히 현실로 만들어 가는 '작가'라는 말에 더 끌린다.

중요한 것은 언제나 기본이며, 그 기본을 통해서 무수한 잠재적 가능성을

만들어낼 수 있을 테니 말이다.

# 4
# 또 하나의 꿈을 품고

## 거리의 퍼포머

2003년 초 봄, 3·1절 아침이었다. 나는 황후의 법복인 적의翟衣 차림으로 종로를 걸었다. 사랑과 해로偕老를 의미하는 꿩 무늬, 황실 궁내부만 수놓을 수 있던 봉황 무늬가 선명한 그 옷은 명성황후의 복식을 고증대로 재현한 것이었다. 봉황이 조각된 비녀에 화려한 마리삭금 댕기, 삼각형 형태의 가체加滯 또한 대한제국의 황후가 중요한 행사 때 착용하던 장식이었다.

"어머! 저 사람 좀 봐."

"명성황후 아냐? 퍼포먼스 같은 건가 봐."

의아한 듯 고개를 갸웃거리는 사람들에게 나는 들고 있던 기미독립선언서를 한 장씩 나누어 주었다. 수군대는 목소리와 힐끔거리는 시선에도 개의치 않고 꾸준히 걸음을 옮겨 앞으로 나아갔다. 개인적인 부끄러움 같은 건 잊은 지 오래였다. 수줍음도 많고 사람들 앞에 나서는 것도 좋아하지 않았지만 성장盛裝을 하고 거리로 나선 순간부터는 오로지 한 사람의 예술가일 뿐이었다.

나는 〈역사를 넘어서 / 독립선언서-명성황후〉라는 퍼포먼스를 하고 있는 중이었다. 그것은 3·1절을 기념해 요청받은 작품으로, 지나온 역사적 사건을 기리고 이를 미래지향적으로 극복하자는 뜻에서 기획된 것이었다. 명성황후를 전면에 내세운 그 작품은 현장 시민들의 협조가 어느 때보다 절실했다. 그날 펼쳐진 집단 퍼포먼스들과는 달리 명성황후 역할을 맡은 나 혼자 이끌어 가야 했기 때문이다.

사람들의 공감과 참여를 이끌어 내기 위해서는 먼저 내 자신부터 다질 필요가 있었다. 애써 펼친 퍼포먼스가 한순간의 구경거리로 끝나지 않도록 손짓과 표정 하나에도 위엄을 잃지 말아야 했고, 조선의 마지막 국모라는 사실 또한 끊임없이 상기해야 했다. 애끓는 마음으로 이 거리에 나왔으나 강력한 독립 의지와 당위성을 선포하는 데에는 흐트러짐 없는 결의로 한 나라의 황후다움을 드러내야 했다.

다행히 사람들은 퍼포먼스를 진지하게 지켜보았다. 국경일을 맞아 펼쳐지는 퍼포먼스의 진의를 헤아리는 듯 숙연한 얼굴로 고개를 끄덕이거나 기미독립선언서를 골똘히 바라보는 이들도 많았다. 그중에는 대한독립만세를 외치며 적극적으로 퍼포먼스에 동참하는 이들도 있었다. 자율적인 호응 속에서 내가 벌인 퍼포먼스는 그 시간, 그 장소에 있던 이들의 역사적 공감대를 형성하는 훌륭한 매개가 되었다. 그건 내게도 매우 뜻깊은 소통 경험이었다. 전시장이라는 한정된 공간에서 관람객과 작품으로 만날 때와는 또 다른 공감을 나눈다는 점에서 흔치 않은 기회였다.

사실 내가 퍼포먼스를 한 것은 그때가 처음은 아니었다. 귀국 후 두 번째로 연 개인전 〈인간, 우리는 어디서 와서 어디에 있다가 어디로 가는가〉에서 이미 다양한 퍼포먼스를 선보인 적이 있었다. 12미터 정도의 모랫길을 걸으며 모니터로 자신의 뒷모습을 볼 수 있도록 함으로써 관람객의 참여를 유도한 적도 있었고, 피라미드 형태로 쌓아 올렸던 1,500권의 성경에 사인을 해 나누어 줌으로써 관객을 작품의 한 부분에 끌어들이기도 했다. 물론 그 당시 전시에 도입한 퍼포먼스는 신체를 크게 활용한 형태는 아니었다. 그러나 모든 과정이 변화를 거듭하며 발전해 가듯 잠재된 표현 욕구는 점점 더 적극적인 형태를 띠며 진화해 갔다.

이후 1996년에 있었던 개인전 〈사랑은 죽음처럼 강하고〉에서는 〈나사로야 일어나라〉라는 작품을 통해 설치미술을 퍼포먼스의 장르로 확장해 관객의 관심을 유발했다. 성경 속 인물인 나사로를 일으켜 세우는 기적의 현장을 설치 공간에 직접 펼쳐 보인 것이다. 〈전자정원〉 시리즈를 선보이던 1998년에는 안성 죽산 국제 예술제에 초대된 것을 계기로 본격적인 퍼포먼스를 펼치면서 전문 퍼포머의 반열에 들어서기도 했다.

일련의 퍼포먼스는 대체로 좋은 평가를 받았다. 평단으로부터도 집단 퍼포먼스의 진면목을 보여 주었다는 평가를 받았을 뿐더러 개인적으로도 전시회장에서 전시를 할 때와는 또 다른 카타르시스를 느끼는 계기가 되었다. 퍼포먼스에는 관람객과 더 가까이에서 소통할 수 있다는 장점이 있다. 일반적인 공연은 무대와 관람객이 공간적으로 구분되어 있지만 퍼포먼스는 그러한 구분이 없다. 그래서 마치 마당놀이의 뒤풀이처럼 관람객의 공간과 행위자의 공간이 하나로 통합되어 주제를 극대화하고 보다 친근한 공감대를 형성할 수 있다. 퍼포먼스의 매력에 빠져들게 된 이유 역시 공간의 자율성과 표현의 자율성이 최대한 보장된다는 점에 있었다.

작품에 퍼포먼스를 도입하는 데에는 오래 전 무용을 배운 경험도 도움이 되었다. 몸짓과 손짓에 주제의식과 자유로운 표현력을 실을 수 있었던 것은 몸의 움직임에 대해 감각적으로 예민하게 단련된 덕분이었다. 무용이 아닌 미술을 택함으로써 전혀 다른 길을 가게 되었다고 생각했지만 실은 그 모든 배움과 경험이 하나의 연장선상에 놓여 있었던 셈이랄까.

이처럼 퍼포먼스는 아티스트로서 진화의 가능성을 탐색하는 도중에 발견한 여러 방향성 가운데 하나가 되었다. 그래서인지 퍼포머로 나서는 일에 나는 늘 즐거운 흥분을 느낀다. 어쩌면 내 안에 잠재돼 있던 표현 욕구가 퍼포먼스란 장르를 통해 분출되는 것인지도 모르겠다.

혹자는 퍼포먼스를 하는 내 모습을 보고 타고난 예술가의 끼를 언급한다. 설치미술가, 디지털 아티스트라는 타이틀로도 충분한데 굳이 왜 퍼포먼스라는 장르에까지 도전하느냐며 의아해하는 이도 적지 않다. 그러면 나는 그들에게 같은 대답을 돌려준다. 퍼포먼스는 미술가로서 다양한 표현의 창구를 모색하던 끝에 찾아 낸 하나의 수단이라고. 더불어 현장에서 관람객과 직접 소통하면서 느끼는 희열이야말로 예술가라면 꼭 한 번 체험해볼 만한 값진 경험이라고.

퍼포먼스는 내게 또 하나의 꿈이다. 장소를 좀 더 넓은 곳으로 이동했을 뿐 공간을 연출하고 작품을 설치하는 것과 크게 다르지 않다. 나는 앞으로 더 넓은 공간을 배경으로 한 퍼포먼스를 펼쳐 보려고 한다. 부끄러움 많은 내가 어떤 모습으로 거리에 서 있을지 모르지만 지금 이 순간은 그저 모든 것이 궁금하고 가슴 설렐 뿐이다. 모든 꿈이 그러하듯 꿈은 그것을 마음에 품은 이를 제일 먼저 설레게 하는 법이니까. 언젠가 거리에서 만나게 될 누군가를 기다리며 나는 지금 또 한 번 거리의 퍼포머를 꿈꾸고 있다.

## ■■■ 예술가와 대중

"이 작품은 이곳에 놓여야 합니다. 애초에 그렇게 의도되었다는 것을 잘 아시지 않습니까?"

"사정에 의해 바뀔 수도 있는 것 아닙니까?"

"그 사정이라는 게 나중에 생긴 것이라면 원래의 의도대로 가는 게 옳지요."

"어찌 되었든 저희가 의뢰한 작품이니 클라이언트의 의견을 따라 주세요."

"아니요. 소유권은 회사 측에 있을지 몰라도 작품이 설치되기까지는 작가의 의도를 따라야 한다고 생각합니다."

의견은 팽팽하게 엇갈렸다. 작품 설치 문제를 놓고 벌어진 언쟁이었다. 지금까지는 별다른 이견이나 의견 충돌 없이 진행돼 온 사안이었다. 그래서 마지막 설치를 앞두고 벌어진 다툼은 더 받아들이기가 힘들었다. 하지만 작품을 의뢰한 측에서는 작가의 의도를 조금도 고려하려 들지 않았다. 나 역시 이런 식으로 작품을 설치하는 건 무의미하다는 판단이 들었다. 작가의 의중조차 헤아리지 못하는 이들에게 작품을 맡기고 싶지는 않았다.

마음 같아서는 당장 자리를 박차고 나가고 싶었다. 그러나 자존심 싸움으로 본질이 왜곡되어서는 곤란했다. 한 발 물러서 차분히 상황을 돌아볼 필요도 있었다. 지금껏 내 뜻을 관철하며 작업을 해 온 터라 누군가 그 과정에 개입한다는 사실에 익숙하지 못한 것은 아닌가. 청탁을 받고 시작한 일이지만 어쨌든 내가 선택한 길이 아니었나. 이런저런 생각 끝에 어쩌다 내가 공공 예술 장르에 도전하게 되었는지를 떠올렸다. 단순히 외부에서 제의가 들어왔기 때문만은 아니었다. 돌이켜 보면 그즈음 나 역시 뭔가 변화의 필요성을 느끼고 있었다.

2000년대에 들어서면서 나는 내면적으로 큰 변화를 겪고 있었다. 그 중심에는 그저 전시를 통해서만 활동하는 것이 아니라 대중에게 다가가는 예술가로서 지평을 넓히고 싶다는 욕구가 자리하고 있었다. 그러던 참에 외부에서 작품 제작 요청을 받았다. 그동안 전시회를 통해 작품들이 하나 둘 향유되고 소비되면서 자연스럽게 평판과 인지도를 쌓은 결과였다. 퍼블릭 아트는 낯설고 생소한 장르였다. 그러나 갤러리나 전시장을 벗어나 더 많은 이들과 작품을 공유하고 소통할 수 있다는 점에 큰 매력이 있었다. 어쩌면 내게 필요한 건 바로 그러한 소통인지도 몰랐다.

정식으로 작품 제작 요청을 수락한 뒤, 나는 곧 작업에 들어갔다. 대중적이고 친근한 이미지로 콘셉트를 설정하고, 작품이 놓이게 될 공간적인 측면을 고려해 설계 구도를 잡았다. 디자인 시안을 놓고 여러 사람들과 논

의하는 과정은 생각만큼 수월치 않았다. 그러나 대중의 눈높이에서 작품을 바라보고, 그들이 바라는 바를 이해해 가는 과정은 그 자체만으로도 의미 있는 작업이었다. 전보다 다층적으로 대중을 이해하게 되었다고 해야 할까. 그렇게 작업하기를 수개월, 마침내 완성된 작품을 전시 장소로 옮기는 날이었다. 웬만한 차로는 옮길 수도 없는 작품들이 하나둘 전시 장소에 도착하면서 문제가 발생했다.

작품이 놓일 장소가 사전에 전달된 것과 달랐다. 리조트가 지어지면서 그 자리에 큰 나무가 심어졌고, 그로 인해 공간의 구도와 인상이 크게 바뀐 상태였다. 무엇보다 당황스러웠던 점은 그 사실을 작품을 설치하는 당일, 현장에 도착해서야 알게 되었다는 것이다. 그럼에도 리조트 측은 나무 한 그루가 무슨 대수냐는 태도로 일관했다. 사전 통보를 하지 않은 것에 대해 일말의 미안한 기색도 보이지 않았다.

나는 나무를 다른 곳으로 옮겨 심어 달라고 요구했다. 작품이 놓일 공간까지 계산에 넣어 설계한 것이므로 현 상태로는 균형감을 맞출 수 없었기 때문이다. 하지만 리조트 측은 완강히 버텼다. 고작 나무 한 그루를 놓고 이럴 필요까지 있느냐며 자기들 뜻대로 하겠다고 우겨댔다. 그 말에 그만 말문이 막혀 버렸다. 수개월간 작업실과 학교를 오가며 만들어 놓은 작품이 이런 취급을 받는 현실에 한숨이 쏟아져 나왔다.

하지만 달리 생각해 보면 어처구니없는 요구를 하는 분들이야말로 내가 그토록 소통하기를 원했던 대중의 한 사람이었다. 대중의 입장에서, 대

‹‹‹ 유토피아 / 스테인리스 스틸, 나무, 홀로그램, 철사, 조명, 특수 컬러 / 숙지 월드컵 공원, 수원 / 2003

중의 눈으로 제작을 요구한 이들에게는 작가로서의 내 고집이 오만함으로 비칠 수도 있었다. 나는 좀 더 의연하게 대처하기로 했다. 퍼블릭 아트에 본격적으로 발을 내디뎠으니 끝까지 부딪쳐 보자는 마음이었다.

"저, 감정적으로만 생각지 마시고 다시 한 번 이야기를 나눠 보시지요."

부드러워진 내 제안에 리조트 측의 태도도 한결 누그러졌다. 그렇게 또 한차례 토론이 벌어졌고, 끈질긴 설득과 이해 끝에 절충안을 냈다. 리조트 측은 다른 적합한 장소에 나무를 옮기고 작품을 설치할 수 있는 환경을 확보해 주기로 했고, 나 역시 최대한 리조트가 돋보이도록 작품을 설치했다.

우여곡절을 겪으며 설치된 작품은 지금도 변함없이 그 자리에 세워져 있다. 내 이름과 작품명이 새겨진 팻말 뒤에서 세월의 흐름을 굳건히 견디며 오늘도 유토피아를 염원한다. 나는 가끔 그 일을 떠올리며 혼자서 조용히 웃곤 한다. 그곳에 작품이 세워지기까지 어떤 해프닝이 있었는지 사람들이 짐작이나 할까.

삶에 있어 물질만큼이나 중요한 것이 정신적인 풍요로움이다. 그 근간을 이루는 것은 바로 문화, 예술이다. 하지만 그동안 예술은 늘 멀리 있는 어려운 대상이었다. 퍼블릭 아트는 그 고고한 예술을 사람들이 생활하는 일상 공간으로 옮겨 놓는다. 예술작품이 생활의 일부가 되어 자연스레 작품을 접하게 하고, 바쁜 일과에 지친 이들에게 다양한 감정의 모티브를 제공한다. 예술가와 대중 사이를 잇는 가교 역할을 수행하는 것이다.

그런 측면에서 퍼블릭 아트는 예술가와 대중 사이의 일방적인 소통 양식을 바꾸는 하나의 촉매가 될 수도 있다. 열린 자세로 대중과의 소통을 시도함으로써 작가는 창작의지를 높이고 대중은 보다 부담 없이 예술을 즐길 수 있게 된다. 그렇게 예술이 대중과 소통할 때, 궁극적으로 예술은 일상과의 거리를 좁혀 삶의 모습을 보다 미학적으로 구현해 내는 또 다른 커뮤니케이션 미디어로 승화될 수 있을 것이다.

# 배움, 그 끝없는 갈증

얼마 전, 생명공학 강의를 들으러 가는 내게 한 젊은 친구가 물었다.

"선생님은 왜 이런 걸 배우시는 거예요?"

"왜? 생명공학을 배우는 게 이상해?"

"그게 아니라, 선생님은 예술가신데…."

그 친구는 내가 엉뚱한 일에 시간낭비를 한다고 생각하는 모양이었다. 그래서 나는 이런 대답을 들려주었다.

"배운다는 건 즐거운 일이야. 예술가일수록 다양한 분야에 대해 공부할 필요가 있지. 배움이 있어야 사색의 깊이도 갖출 수 있고, 표현을 하는 데도 한층 자유로워지는 법이거든."

알 듯 모를 듯 고개를 갸웃거리는 그 친구를 씁쓸한 마음으로 바라보았다. 어떤 이유에서 그런 질문을 했는지 이해할 수는 있었지만 현실적인 목표만을 염두에 두고 살아가기에는 그 친구가 경험해야 할 세상은 너무 넓다는 생각을 감출 수 없었다.

사실 대부분의 사람들이 그 친구와 비슷한 생각으로 살아간다. 배움이란 어떤 목적을 이루기 위한 수단이나 방법이라고 여긴다. 그들에게는 전문 학원에 등록하고 성실하게 과정을 이수하는 것만이 지극히 현실적인 선택이다. 뒤처지지 않기 위해, 남보다 나은 생활을 하고 싶다는 바람에는 아무런 호기심도, 가슴 두근거리는 설렘도 없다. 영어 점수를 올리고 자격증을 딴 뒤에도 그들의 내면은 여전히 공허하다.

그래서 나는 기회가 있을 때마다 젊은 세대에게 배움 그 자체를 즐기라는 조언을 하곤 한다. 관심 분야를 찾고, 새로운 것을 터득해 가는 즐거움이 얼마나 설레고 기쁜 일인지 경험하기를 권하는 것이다. 공자도 논어의 첫머리에서 이런 말을 하지 않았는가. "배우고 때로 익히면 또한 즐겁지 아니한가(學而時習之 不亦說乎)." 배움을 통해 깨달아 가는 즐거움을 느끼던 순간을 떠올린다면 누구나 이 말에 공감할 수 있을 것이다.

나는 배우는 데에 투자를 아끼지 않는 편이다. 빠듯한 유학생활을 할 때도, 물까지 가려 마셔야 할 정도로 힘들었던 임신 중에도 늘 무언가를 부지런히 배우러 다녔다. 주위 사람들이 그 정도면 가히 배움 중독이라고 놀려 댈 만큼 끊임없이 새로운 분야에 관심을 가졌다.

그때의 습관은 활발하게 작품활동을 하고 교수가 된 뒤에도 계속 이어졌다. 교수로서 학생들을 가르친다는 고정관념은 버린 지 오래였다. 그보다는 내 지식과 경험을 학생들과 나누면서 함께 고민하는 교수가 되기를 원했다. 실제로도 강단에서 학생들을 가르칠 때보다 학생들 곁에서 그들의 열정을 지켜보며 더 많은 자극을 받곤 했다.

귀국 후 작가로 활동하면서도 다양한 분야의 공부를 병행했다. 전공 공부는 어차피 평생 해야 하는 것이므로 공부로 치지 않았다. 그건 공부라기보다 일상생활의 영역에 속했다. 내가 말하는 공부란 그 외의 분야를 말하는 것이다. 이를테면 과학이나 경영학처럼 생소한 분야를 하나하나 터득해 가는 즐거움에 흠뻑 취하는 것, 그것이 공부다.

테크니컬 아티스트로 활동하던 시기에는 좀 더 본격적으로 과학을 공부하고 싶다는 의지를 품기도 했다. 과학계의 천재들과 겨룰 만한 두뇌를 지닌 것도, 과학적 사고에 익숙한 편도 아니었지만 알면 알수록 현대 과학의 세계는 오묘한 매력을 지니고 있었다. 철학적 사고방식으로 양자역학을 이해할 수 있다거나 불확실성의 원리 같은 과학적인 발견이 포스트모더니즘의 이론적 토대를 이루는 것을 보면서 나는 현대 과학과 철학 사이의 연결고리에 깊이 매료되었다.

얼마 전부터는 작품을 둘러싼 외부 환경과 대중적인 마인드를 이해하고 싶어 녹색환경, 생태경영학 공부도 시작했다. 작가라는 위치가 자칫 자기 세계에 갇히기 쉽다는 판단에서였다. 기대했던 대로 경영학은 원리와 원칙, 프로세스를 현미경처럼 바라보는 망원경처럼 조망할 수 있는 이론의 틀을 제공했다. 기업가의 경영 마인드와 예술가의 작가 정신은 동떨어진 것이 아니었다. 예술가들이 새로움을 창출하기 위해 고민하는 것처럼 기업가들 역시 산업을 주도해 나가기 위해서는 고도의 창의성을 필요로 하고 있었다. 경영학 수업은 타 분야의 사람들과 교류하면서 색다른 영감을 얻는 장이 되기도 했다. 난생 처음 퍼블릭 아트를 하게 되었을 때도 수업에서 만난 사람들의 조언이 공공 예술이라는 장르를 이해하고 수용하는 데 큰 힘이 되었다.

그에 비하면 생명공학은 단순한 호기심에서 출발한 공부였다. 인간의 유한한 생명을 첨단 과학으로 극복해 나가려는 시도는 그 자체가 매력적이었다. 첨단 테크놀로지를 작품에 도입하는 등 과학과는 남다른 인연이 있었기에 바이오테크놀로지라 불리는 생명공학에 자연스레 관심이 닿았는지도 모른다. 그렇게 생명공학 공부를 해 나가면서 나는 미래 사회와 인간에 대해 특별한 영감을 얻었고, 자연이 지닌 생명력과 영속성에 새삼 경외심을 품게 되었다. 첨단 매체를 이용한 작품활동이 디지털과 아날로그가 조화를 이룬 작품세계로 바뀐 것도 생명공학에서 받은 영향이 컸다.

배움은 막연한 영감에 그치지 않고 실제 결과물을 만들어 내기도 했다. 행정대학원에서 공부한 경험을 바탕으로 「한강 수중 조각공원 설치」에 관한 다소 파격적인 논문을 발표한 것도 그 가운데 하나로 꼽을 수 있다. 최고위과정에서는 골프장을 예술적 공간으로 특화시키는 방안에 대한 연구사례를 발표했다.

그럼에도 여전히 나는 배움에 갈증을 느끼며 살아간다. 배우고 싶고 하고 싶은 것들의 우선순위를 매겨 놓고 그것들을 하나씩 익혀 가는 재미는 실제 상상하는 것보다 쏠쏠하다. 그 과정에서 뜻밖의 영감을 얻기도 하고,

앞으로 나아가야 할 방향성을 발견하기도 한다. 평생을 배워 가면서 성장하는 삶. 어쩌면 그것이야말로 인간이 전 생애를 통해 이룰 수 있는 또 하나의 예술, 예술 이상의 예술이 아닐까.

<<< 모뉴멘탈가든 / 혼합재료 / 가변설치 예술의 전당 미술관, 서울 / 2005

## 밥그릇보다 중요한 예술혼

"심 선생님, 이번에 중국 상상미술관에서 한·중 미술제를 엽니다. 국내 기업 두 곳의 지원을 받아 전시를 하게 되는데요. 선생님의 설치미술 작품도 전시를 하고 싶습니다. 장소 문제로 작업 과정이 다소 복잡할 수도 있는데 가능하시겠습니까?"

중국에서 열리는 한·중 미술제라…. 언뜻 생각하기에도 만만치 않으리라는 판단이 섰다. 그런데도 어쩐지 마음이 자꾸 끌렸다. 20년 전 캐나다 토론토 전시 기억이 머리를 스쳤다. 그 뒤에도 러시아와 스페인 등 국제 무대에서 지속적인 활동을 펼치며 호의적인 반응을 얻은 바 있었다. 21세기의 진취적인 테크놀로지 세계를 주제로 한다는 전시회 기획의도도 마음에 들었고, 이 기회를 통해 중국에 한국 작가의 작품을 설치한다는 점에서도 의미가 있을 듯싶었다.

흔쾌히 주최 측에 수락의 뜻을 통보했다. 그러자 곧 내게 모든 작업의 지휘권이 주어졌다. 그런데 문제가 있었다. 학교 강의 때문에 중국에서 장기간 머물며 작품을 제작할 만한 시간을 내기가 힘들었다. 아무리 중요한 전시라고 해도 학생들을 맡은 입장에서 여러 날 학교를 비울 수는 없는 일이었다. 결국 여러 방법을 모색하던 끝에 중국에서 일을 진행하기로 한 큐레이터에게 작업의 일부를 의뢰하기로 했다. 어떻게든 시간을 단축해 보자는 의도였다.

일단 일을 분담한 뒤, 주제에 맞춰 구성해 놓은 작품 계획서를 중국에 보냈다. 큐레이터가 현지 인력을 활용해 작업을 진행하면 내가 한국에서 나머지 작업을 완성하면서 수시로 중국의 작업 상황을 체크하기로 했다. 이후 전시회 날짜에 맞춰 한국에서 준비한 작품들을 싣고 가서 두 작업을 조율하기만 하면 되는 방식이었다. 계획서에 쓰인 대로만 된다면 원거리에서도 차질 없이 작업이 가능한 시스템이었고, 충분히 구현이 가능한 설치작업이었다.

전시회 날짜가 다가와 나는 준비한 작품들을 싣고 현지로 출발했다. 중국에서의 첫 전시라는 생각에 부푼 기대를 안고 들어간 길이었다. 그러나 나를 기다리고 있던 것은 예상치 못한 돌발상황이었다. 현지 예술가들이 해 놨다는 수준 이하의 작업 앞에서 나는 망연자실할 수 밖에 없었다.

"대체 이게 뭡니까?"

"뭘 말입니까? 저희는 지시한 대로 했는데요."

"이게 제가 의도한 작품입니까? 전 이런 걸 의뢰한 적이 없어요."

"저희는 시키는 대로 한 것뿐입니다."

"시키는 대로 하다니요. 이 꽃을 보세요. 입체감이 살아 있어야 할 꽃이 평면으로 나오잖아요. 미술을 전공했다는 사람들이 어떻게 이런 작품을 내놓을 수 있는 거죠?"

중국 측에서 내놓은 작업물은 작품이라 부르기에도 낯 뜨거울 만큼 조악했다. 입체감은 고사하고 작업 공정 또한 허술하기 짝이 없었다. 그럼에도 일을 주관했던 큐레이터와 돈을 받고 일했던 조각가는 이 모든 게 자기 탓이 아니라며 아무런 가책도, 부끄러움도 보이지 않았다. 차라리 실력이 부족해 일이 그렇게 되었다고 하면 그나마 이해를 할 수 있었을지 모르겠다. 하지만 그들의 태도에는 예술가로서 자기가 만든 작품에 대한 일말의 자의식이나 성의를 찾아볼 수 없었다.

나는 태만하고 무신경한 그들에게 울컥 화가 치밀었다. 하지만 흥분한다고 돌이킬 수 있는 상황이 아니었다. 어찌 되었든 내 이름을 걸고 진행한 일이기에 결과적인 책임은 모두 내게 있었다.

"죄송합니다. 제 불찰입니다. 어떻게든 한국에서 작업을 완성해 왔어야 했는데 현지 분들과 일을 나누어 하다 보니 예상치 못한 일이 발생했습니다. 아무래도 이 작품은 설치할 수 없을 것 같습니다. 작품을 철수하겠습니다."

내 결정에 기업 측도 당혹스러워하기는 마찬가지였다. 하지만 고맙게도 작품을 철수하겠다는 내 참담한 심정을 헤아려 주었다. 그렇게라도 작품에 대한 자존심을 지키려는 뜻을 납득해 주니 감사하고 송구스러웠다. 그나마 다행이라면 또 다른 기업의 제품 이미지화 작업에는 별 무리가 없었다는 점이다. 그 작품은 한국에서 준비해 간 매체들을 공간에 맞게 설치하는 일이었기에 현지인들의 손을 빌릴 일이 없었다. 하지만 결과적으로 상상미술관에서 열린 한·중 미술제는 내게 반쪽짜리 전시회가 되고 말았다.

우여곡절 끝에 전시회를 마치고 한국에 돌아온 뒤에도 나는 한동안 그 일의 충격에서 벗어나지 못했다. 어이없는 일을 당했다는 사실보다 자존심을 지키지 않는 예술가가 있다는 사실에 대한 충격이 더 컸다. 물론 총책임을 맡은 사람으로서 전시를 끝까지 마무리하지 못했다는 자책감도 있었다. 작가로서의 자긍심이 한 순간에 무너졌다는 비참함에 미술계를 떠나 버릴 생각까지 했다.

그만큼 자존심은 예술가에게 생계수단 이상의 의미를 지닌다. 이를 단순한 자기도취나 허영으로 받아들여서는 곤란하다. 예술가의 자존심이란 무엇보다 예술에 대한 경외심을 바탕으로 하고 있기 때문이다. 끝없는 자기 혁신의 의지, 자신이 설정한 이상과 한계를 넘어서려는 노력도 그러한 경외심 덕분에 비로소 가능해진다.

베토벤은 대토지를 소유한 막내 동생에게 모멸 어린 도움을 받느니 차라리 지독한 빈곤을 선택했다. 잔돈 하나까지 낱낱이 기록할 만큼 생활고에 시달리면서도 끝까지 예술적 자존심만은 굳건하게 지켜 냈다. 예술가라면 한 곡의 위대한 음악을 위해, 한 점의 위대한 작품을 만들어 내기 위해 그만한 자기의지와 당당함을 갖출 필요가 있다. 나는 그 첫걸음이 밥 그릇 앞에서 예술적 자존심을 지켜 내는 일이라고 생각한다. 자존심과 밥 그릇 사이에서 주저 없이 자존심을 택하는 일, 거기에서 비롯되는 당당함과 자유로움이야말로 예술의 이상을 향한 추진력이 된다는 사실을 잘 알고 있기 때문이다.

## ▪▪▪ 고통 속에서 찾아낸 치유의 힘

나는 오랫동안 그림자처럼 살았다고 해도 지나친 말이 아니다. 남모를 은둔의 시기를 제법 길게 보냈다. 세상과 완전히 단절하고 산 것은 아니었지만 대외적인 활동을 제한한 채 최소한의 자리에만 얼굴을 비추며 지냈다. 나를 잘 모르는 이들은 그런 모습에 선입견을 가졌을 수도 있다. 넉넉한 가정에 눈에 띄는 화려함, 교수라는 이력에 수상 경력까지 화려한 설치미술가였으니 남들 눈에는 무엇 하나 부족하지 않게 보였을지도 모르겠다. 어쩌면 그래서 내 은둔이 교만함으로 비쳤을 수도 있을 거라는 생각이 든다.

그러나 실상은 그렇지 않았다. 내게 은둔은 불가피한 선택이었다. 남모를 상처와 고통을 이겨 내기 위해 시간이 흘러가기만을 바랐고, 처절한 몸부림을 감추며 속앓이를 해야했다. 아이러니한 것은 은둔하며 고통을 감내하던 그 시기에 작가로서는 상당한 영예를 누리고 있었다는 사실이다. 테크놀로지 아티스트라는 이름으로 작가 대열에 이름을 올리게 되었을 때도 떨어져 살게 된 아이들에 대한 그리움으로 가슴을 부여잡은 채 전시 작품들을 구상하고 다듬었다.

<<< 시크릿가든 / 옥, 마노, 자수정, 유리, 크리스탈, 특수컬러 / 가변설치 / 2009

앞에서 잠깐 언급한 〈전자정원〉 시리즈도 예외가 아니다. 그것은 고통의 한가운데에서 내 영혼의 정원을 가꾸는 심정으로 몰두한 작품이었다. 비록 몸은 고되고 힘들었지만 작품에 몰두함으로써 무너진 마음을 추스를 수 있었다. 손으로 매만지며 색을 입히는 작업 과정은 조금씩 감정을 순화시키고 찢긴 상처를 치유했다. 예술가에게 작업이란 피난이자 구원인 동시에 비슷한 경험을 공유한 관람객과의 감정의 소통 공간이 되는 건 그 때문이 아닌가 싶다.

사람들 만나기를 피하며 대인관계를 최소한으로 제한하고 있던 어느날 여성들의 독특한 습성이 내 눈을 사로잡았다. 그들은 쾌활한 얼굴로 이야기를 늘어놓다가도 이따금 보석을 매만지곤 했다. 그럴 때면 그들의 얼굴 위로 한순간 의기소침하거나 쓸쓸한 표정이 스치고 지나갔다. 그 모습이 내게는 마치 막막한 심정을 감추며 무언가에 의지하는 것처럼 비쳤다. 그들의 모습을 지켜보던 나 역시 무의식중에 목걸이를 만지작거리고 있었다. 작은 큐빅이 박힌 소박한 목걸이였지만 큐빅 알에 어린 투명한 빛이 예상치 못했던 위안을 주었다. 가만히 그 빛을 바라보고 있는 것만으로도 마음이 차분해졌다.

그때부터 나는 보석이라는 재료에 주목했다. 옛 여인들이 바느질로 시름을 달랬던 것처럼 보석에 담긴 아름다움으로 내밀한 아픔을 치유할 수 있을 거라는 생각이 들었다. 물론 보석을 미술 작품의 재료로 사용하는 건 드문 일이었다. 모험이기도 했고, 무엇보다 가격 부담이 만만치 않았다. 하지만 단 한 사람이라도 내 작품으로 위안 받을 수 있다면 해볼 만한 가치가 있었다.

구체적인 구상을 위해 우선 전통적으로 사용된 보석들을 찾아보았다. 기존에 알고 있는 종류들도 있었지만 옛 문헌을 참고해 다른 보석이 없는지 꼼꼼하게 조사해 나갔다. 더불어 보석이 인체에 어떤 효과가 있는지에 대해서도 보석상과 전문가에게 자문을 구했다. 그렇게 해서 최종적으로 선정된 재료는 수정과 호박, 만호, 옥과 같은 준보석들이었다. 그러나 선정된 보석들을 구하고 그것을 작품으로 만드는 건 쉬운 일이 아니었다. 작업 공정이 까다로워 몇 번씩 방법을 바꾸어 가면서 최적의 방법을 찾아내는 끈기와 노력이 필요했다.

그것은 경제적으로도 터무니없이 비효율적인 작업이었다. 비싼 재료들로 작업하고 있다는 말에 절레절레 고개부터 젓는 사람도 있었다. 하지만 나는 최초에 떠올린 영감을 고수했다. 효율성부터 따지면서 예술작품을 만들 수는 없었다. 기실 모든 예술은 어떤 면에서는 비효율적이다. 그와 같은 비효율성으로 효율성 이상의 이상과 가치를 완성시키는 것이 예술의 본질 아닌가.

오랜 작업 끝에 마침내 작품이 완성되었다. 보석이 혈액 정화나 부인과에 관련된 치유 효과가 있다는 말을 증명하듯, 투명하고 영롱한 빛에서 뿜어져 나오는 기운은 대단했다. 가만히 바라보고 있는 것만으로도 위로를 받는 느낌이었다. 아마도 그것은 고통 속에서 길어 올린 치유와 회복의 정기가 작품에 담겨 있었기 때문이 아닐까.

추운 겨울을 보낸 봄 나무가 더 아름다운 꽃을 피우듯 극한 속에서 탄생한 아름다움은 그처럼 포근하게 상처를 덮어준다. 마음을 차분하게 가라앉히며 신의 은총과도 같은 위로를 건넨다. 바로 그러한 힘이 예술가로 하여금 기꺼이 고통을 짊어지게 하는 동력이다. 고통을 계기 삼아 한층 더 단련되고 깊은 시선을 터득하는 것이다. 그것이 예술가가 고통을 이겨내는 법이자 스스로를 치유하는 방법이다. 마치 뜨거운 가마 속에서 구워낸 도자기가 더 단단하고 빛이 고운 것처럼.

## ▪▪▪ 진화를 꿈꾸다

1990년대의 전자정원 시리즈가 2000년대에 들어 모뉴멘탈 가든으로 바뀌었을 때, 더러 이런 질문을 하는 사람들이 있었다.

"심 교수님, 이제 〈전자정원〉 대신 〈모뉴멘탈 가든〉으로 콘셉트를 바꾸시는 건가요?"

그때마다 나는 이렇게 대답하곤 했다.

"콘셉트를 바꾼 게 아니라 정원이 계속 진화하고 있는 겁니다."

예술가는 마케팅 디렉터와 다르다. 시장을 겨냥한 콘셉트로 승부를 거는 것이 아니라 자기 자신과 승부를 벌인다. 자신의 숨결이 담긴 일련의 작품군 속에서 스스로를 점검하며 나아갈 방향과 이상을 재발견하는 게 예술가다. 전자정원 시리즈가 모뉴멘탈 가든으로 변화한 것 또한 단순한 콘셉트의 변화라기보다 그동안 펼쳐 온 작품세계에서 비롯된 예술 내적인 진화과정이었다.

나는 창조론을 믿지만 예술 활동에 있어서만은 진화의 개념에 찬성한다. 생물이 주위환경에 적합한 기능이나 구조로 변화해 가듯 예술 또한 점진적인 발전을 이뤄야 한다고 생각하기 때문이다. 내게 있어 예술의 진화는 그런 의미를 지닌다. 한곳에 머무르지 않고 계속해서 변화하며 어떤 의미로든 발전하는 것. 그 진화의 과정에서 이루어지는 우연한 발견, 즉 돌연변이의 발생 가능성은 예술가에게 뜻밖의 소득이 될 수도 있다.

사실 예술세계에서 갑작스런 탈피란 거의 불가능하다. 처녀작에서 빛을 소재로 작업할 수 있었던 것도 수년 전에 얻은 영감의 잉태과정이 필요했고, 또 다른 오브제로 버섯을 떠올린 뒤에도 최소 2~3년에 걸친 수정과정을 거쳐야 했다. 작품 하나를 만들어 내는 데에도 이렇듯 오랜 담금질이 필요한데 하물며 작품의 성향이 하루아침에 바뀔 수는 없는 일이다. 시간이 흐르면서 차츰 자연스럽게 변주되고 진화할 따름이다.

1990년대 〈전자정원〉 시리즈를 이어가면서 실험적이고 도발적인 설치미술 디지털 아트를 선보일 무렵 나는 작품 구성이나 공간 연출에 있어서 내 나름의 노하우를 터득하고 있었고, 창의적이고 도전적인 퍼포먼스로 화단에 파장을 일으키면서 장르의 경계를 넓히는 데에도 일조했다. 그런데 승승장구하며 〈전자정원〉 시리즈를 이어가던 어느 순간부터 내 안에서 서서히 변화의 목소리가 일기 시작했다.

〈전자정원〉을 통해 선보인 테크니컬 아트가 급속도로 번져나가 어느덧 보편적인 장르로 자리 잡고 있었던 것이다. 변화의 선두에 서 있던 나는 지금이 또 한 번 진화해야 할 때라는 사실을 직감했다. 본래 남들이 하는 것을 따라하는 것보다 새로운 분야를 개척하고 시도하는 걸 더 좋아하는 성정인지라 결정을 내리는 게 어렵지는 않았다. 오히려 잘하고 익숙하다는 이유로 같은 것을 되풀이하는 편이 더 권태롭고 못 견딜 일이었다.

나는 작품활동을 하는 한편으로 작품세계를 업그레이드할 수 있는 방법에 대해 고민했다. 관건은 지금껏 끌어온 전자정원이라는 생명체를 어떻게 더 발전적으로 세분화하고 구체화시키느냐에 달려 있었다. 그러자 공간 이동을 통해 활동 범위를 넓혀 보는 건 어떨까 하는 생각이 떠올랐다. 전자정원이 실외에나 있음직한 정원을 실내로 옮겨 각각의 사물이 지닌 복합성을 표현했다면, 이제는 정원 공간을 본래의 풍경대로 되돌리는 것도 의미가 있을 듯했다. 더불어 오랜 기간 전자정원 시리즈를 통해 펼쳐 보였던 복합 채널을 미니멀리즘 경향에 맞춰 단순화함으로써 표현 방식에 절제미를 추구하기로 했다.

그렇게 해서 시행착오 끝에 태어난 것이 〈환경을 위한 모뉴멘탈 가든〉이었다. 이 전시는 모뉴멘탈이라는 사전적 의미처럼 나 자신에게도 기념비적인 시도였다. 기존의 가든 시리즈를 이어가면서도 일렉트로닉에서 환경 쪽으로 무게 중심을 옮겨 당대의 친환경적인 방향성을 담아내겠다는 포부를 담은 것이었다. '환경과 인간의 조화'에 초점을 맞춘 문제의식은 시기적으로도 에코Eco 시대인 21세기에 적합했다.

이러한 시도는 시기성과 예술적인 변화가 맞아떨어진 덕분인지 대중에게 친근한 인상을 남겼다. 〈전자정원〉이 섬세한 미적 세계를 강조한 여성

모뉴멘탈가든 / 혼합재료 / 가변설치 / 2002

적인 느낌이었다면 〈모뉴멘탈 가든〉은 기념비적인 상징으로 구축된 남성적인 인상이라는 평가가 지배적이었다. 단순화된 표현이 돋보이는 절제미와 환경적인 측면을 고려한 시도에 대해서도 새롭고 신선하다는 호평이 많았다.

이후로도 가든은 끊임없이 진화해 갔다. 2004년 광주 비엔날레의 〈모뉴멘탈 가든〉과 2005년 〈마니프 서울국제아트페어〉에서는 화강석 돌기둥 대신 자연적인 나무를 곧게 세워 신전의 기둥을 형상화했고, 주요 오브제로 삼아 온 여성적인 느타리 버섯을 모티브로 해파리와 꽃으로 바꾸어 형태적인 진화를 추구했다. 지상에서 피어나던 꽃들을 천장에 거꾸로 매달아 공간적 이동을 시도하기도 했는데, 여기에는 가든 안에 세워진 모든 구조물이 하나의 소우주로서 조화롭게 어우러지기를 바라는 뜻이 담겨 있었다.

한때 혁명으로 불리며 등장했던 디지털 기술은 정서적인 부작용과 단점을 보완하기 위해 다시금 아날로그 감성을 불러들이고 있다. 그러한 시대적 흐름은 디지털Digital과 아날로그Analog가 조합된 디지로그Digilog라는 신조어를 탄생시키는가 하면, 복고 유행을 낳기도 했다. 그만큼 이제는 합리적인 이성이나 첨단의 기술보다 인간적인 감성과 체온에 주목하는 시대가 되었다.

예술작품에도 휴머니즘의 정서와 체온을 담는 노력이 필요하다. 빠르게 변화하는 사회 속에서 고단하고 신산한 삶을 살아가는 동시대인들에게 한줄기 빛과 위로를 건넬 수 있는 작품을 만들어 내는 일은 예술가가 동시대인에게 건네는 최고의 인류애라고 할 수 있을 것이다. 내 작품세계의 중심에 놓인 가든 또한 그러한 연장선상에서 계속해서 진화를 꿈꾸는 중이다. 그 어디에도 매이지 않고 자유로운 작품의 혼을 지켜 간다면 언제든, 무엇으로든 진화는 계속될 것이다. 진화하지 않는 예술은 성장을 멈춘 나무와 다를 바 없다.

내 사랑의 빛,
한줄기의 빛이련가 어찌 할거나
풀잎마다 서는 저 그리움
모질게도 자꾸 일어나
그리움에 몸져눕는다.
오한과 신열이 나를 휘젓는 봄날
벚꽃은 바람에 눈꽃처럼 흩어져 부서지고
…
선홍빛 핏방울이 떨어지는 것
살점을 뚝뚝 베어내어
버섯을 심는다.
코밑에 알싸아한 그리움이 후두둑
사랑은 아픔도 아니고
절망도 아니 한
슬픔은… 축복
완전한 자유, 겸손한 영혼, 이별은 사랑,
사랑은 그리움,
그리움은 기다림
까르르 웃는 어린아이의 티없는 눈빛같은
평범한 소망이
날마다 살아나는 그리움으로
버섯이 되어 심어진다.
내 생의 아픔들과 그님의 사랑으로

- 4월의 작업실에서

# 5
# 내려놓음

## 날카로운 사랑의 초상

흔히들 사랑을 지고지순한 완성이나 달콤한 열매로 여기지만, 내게 사랑은 불완전함에 다름 아니다. 신이 아닌 인간의 사랑은 불완전할 수밖에 없다. 내게는 두 번의 사랑이 있었다. 그 사랑으로 인해 잠들어 있던 감각이 일깨워지고 불꽃같은 정열도 불태웠다. 그리고 그만큼 쓰라린 내상을 입기도 했다.

첫사랑은 내게 세상이 얼마나 아름다운 곳인지 가르쳐 주었다. 역설적으로 세상이 얼마나 처참한 곳인지 되새긴 가슴 아픈 경험이기도 했다. 다시는 사랑하지 않겠다고 생각할 만큼 길게 마음을 앓았다. 세상과 거리를 두고 학업과 작품에만 몰입했다. 그러나 아무도 내일을 장담할 수 없는 게 인생인지라 어느 날 내게 또 다른 사랑이 다가왔다.

그를 알게 된 건 대학시절 중광스님을 통해서였다. 기독교 신앙을 갖기 전, 호기심으로 다양한 분야를 넘나들며 인연을 맺던 때였다. 중광스님 곁에는 많은 사람들이 있었는데, 그중 한 사람이었다. 그러던 어느 날 우연히 그가 내 차에 동승하게 되었다. 그는 자신이 운전을 하겠다고 큰소리를 쳤다. 서로 인사만 하고 지내는 사이였는데, 그날따라 적극적으로 나오는 그에게 얼결에 운전대를 맡겼다. 그런데 도로를 얼마 달리지도 못하고 그만 대형사고가 나 버렸다.

다행히 사람은 다치지 않았으나 차는 반파될 정도로 큰 파손을 입었다. 게다가 그는 무면허 상태였다. 나는 아버지에게 꾸중을 들을 생각에 얼굴이 노랗게 질렸다. 그런 내 마음을 알았는지 그가 능숙하게 사고 수습에 나섰다. 그러고는 차 없이는 죽어도 집에 못 들어간다고 고집을 부리는 나를 자신의 집으로 데려가더니 그동안 차를 수리하도록 조치했다. 그와의 인연은 그렇게 시작되었다. 그 교통사고가 우연이었는지 우연을 가장한 필연이었는지는 모르지만, 어찌 되었든 그 일을 계기로 나는 그와 긴 대화를 나누게 되었다.

그때부터 그는 내 뒤를 그림자처럼 따라다녔다. 대학원을 졸업하고 전시회와 유학 준비로 바쁘게 지내는 동안에도 묵묵히 내 곁을 지켰다. 제대로 된 데이트 한번 못했다. 기껏해야 민속촌에 가거나 놀이기구를 타고 내려오다 다리가 풀려 키득거린 게 전부였다. 그래도 그는 항상 사진기를 들고 다니며 카메라에 나를 담곤 했다. 속마음을 드러내는 데 익숙하지 못했던 그는 음악으로 대신 마음을 전하기도 했다. 음악애호가였던 그에게는 말보다 음악이 더 자유로운 표현수단이었다.

그렇게 조금씩 그에게 마음을 열어 가고 있을 무렵이었다. 우리의 교제 사실이 양가 부모님들에게 알려지면서 상황이 급변했다. 그의 집안에서 나에 대해 관심을 가지고 이런저런 일들을 알아보기 시작했고, 그로 인해 갑자기 진지한 관계에 놓이게 된 것이다. 이제 막 그를 받아들이기 시작한 나로서는 결혼 이야기부터 흘러나오는 상황이 당혹스러울 수밖에 없었다. 평범하지 않은 그의 환경도 부담되었다. 재벌가의 며느리가 될 생각도, 자신도 없었다. 더구나 그는 나보다 나이가 어린 연하남이었다. 그럼에도 결혼은 어느새 돌이킬 수 없는 기정사실로 굳어져 갔다.

결혼식은 성대했다. 누가 봐도 화려한 예식에 질투 어린 시선을 받을 지경이었다. 나는 결혼식 내내 그저 수줍게 웃었다. 공부하고 작품을 만드는 일 외에 아무것도 몰랐기에 앞으로 어떤 일이 펼쳐질지, 어떤 현실에 부딪치게 될지도 전혀 짐작하지 못했다. 내 곁에 사랑하는 사람이 있으니 그와 함께 단란한 가정을 꾸려 가겠다는 생각뿐이었다. 그동안 일방적으로 받기만 했던 사랑을 더 많은 사랑으로 돌려주겠다는 다짐이었다.

지나칠 정도로 청교도적인 생각을 가지고 있던 내게 결혼은 곧 사랑의 결실을 의미했다. 그리고 배우자가 마지막 사랑의 대상이 되어야 한다고 믿었다. 나는 사랑에도 노력이 필요하다고 생각했다. 마음을 표현하기 위해서는 노력해야 하고, 상대방을 지키려는 강한 의지를 다질 때 비로소 인간의 연약한 사랑이 지속될 수 있다고 믿었다.

불완전한 첫사랑의 경험은 나로 하여금 많은 다짐을 하게 했다. 내가 낮은 곳에서 높은 곳을 바라보는 마음으로 사람과 작품을 대하게 된 것도. 날카로운 사랑의 초상은 나를 조금은 인간적인 예술가로 바꾸어 갔다.

# 생명 앞에 나를 내려놓다

처음 미국 땅을 밟던 날, 남편과 나는 누가 먼저랄 것도 없이 이렇게 말했다.

"와, 미국이다! 근데 우리 이제 어떻게 살지?"

그 한 마디에 설렘과 막막함, 앞날에 대한 두려움이 고스란히 담겨 있었다. 남편과 나는 이내 키득거리며 서로의 얼굴을 바라보았다. 모든 것이 낯설고 두려웠지만 적어도 우리는 함께였다. 게다가 꽤 오랫동안 유학을 준비해 왔기에 계획대로 차근차근 단계를 밟아 나간다면 크게 걱정할 일은 없을 거라고 생각했다.

그런데 입학한 지 얼마 되지도 않아 몸의 이상을 감지했다. 막연하게 감기려니 생각했는데 그게 아니었다. 식욕이 떨어지고 아무 때고 불쑥불쑥 욕지기가 치밀었다. 설마 하면서도 믿고 싶지 않은 마음에 한동안은 애써 증상을 모른 척했다. 그러나 점점 징후가 뚜렷해지자 결국은 남편마저 내 임신 사실을 눈치채게 되었다.

축복받을 일이었음에도 당혹감이 앞섰다. 아직은 남편도, 나도 준비가 되어 있지 않았다. 결혼하자마자 유학을 떠나 아직 자리도 잡지 못한 상황이었다. 막연히 아이를 낳아 행복한 가정을 꾸리고 싶다는 생각은 하고 있었지만 덜컥 임신 사실을 접하게 되자 무엇을 어떻게 해야 할지 알 수 없었다.

임신 소식을 알리자 양가 부모님은 다들 반가워 하셨다. 우리 부부보다 더 기뻐하시며 이런저런 덕담을 해 주셨다. 어른들의 그런 모습에 당혹스럽던 마음도 한결 가벼워졌다. 사실 좋은 엄마가 되고 싶은 건 내 오랜 꿈이었다. 아이를 밝고 따뜻한 심성을 가진 사람으로 키운다면 그만한 보람도 없을 거라고 늘 생각하곤 했다.

나는 이내 마음을 굳히고 남편과 함께 로스앤젤레스로 거주지를 옮겼다. 아무 연고도 없는 샌프란시스코보다는 시댁 가족이 있는 로스앤젤레스가 좋겠다는 조언에 따른 것이었다. 그렇게 로스앤젤레스에 도착하여 다시 학교를 알아보고 입학 수속을 마쳤다. 교과과정은 여러 면에서 한국과 다소 차이가 났다. 하지만 예술을 하는 이들의 세계는 본질적으로 어디든 비슷해 적응하는 데 큰 어려움은 없었다.

다만 하루가 다르게 몸이 무거워지고 입덧이 심해진다는 게 문제였다. 집에서 가만히 있을 때는 그런 대로 참을 만했지만 밖에 나가면 공기마저 후각을 자극해 견디기가 힘들었다. 첫 임신이라 그런지 모든 게 버거웠다. 물 한 모금 입에 대는 것조차 힘들어 내 몸은 꼬챙이처럼 말라 갔다. 오죽하면 지도교수가 수업에 들어오는 걸 만류할 정도였다.

그럴 때면 내 몸이 온전한 내 것 같지 않다는 생각에 속이 상하곤 했다.

‹‹‹ 시크릿가든 / 스테인리스 스틸, 스컬피, 특수 컬러 / 2009

내 뜻과 의지대로 통제되지 않는 상황이 낯설고, 두려웠다. 남편이 곁에 있었지만 아이를 낳는 일만큼은 온전히 나 혼자만의 몫인 것 같아 조금은 외롭기도 했던 게 사실이다.

그렇게 임신 5개월에 접어들었을 때였다. 울적한 기분으로 침대에 누워 있는데, 돌연 뱃속에서 뽀글뽀글 물방울이 올라오는 듯한 느낌을 받았다. 뱃속의 뭔가가 미끄러지듯 연한 새순이 속살을 간질이는 느낌이었다.

조금씩 튀어나오기 시작한 배 위에 손을 얹자 배꼽 아래에서 희미한 움직임이 느껴졌다. 꼬물거리는 그 느낌은 태동이었다. 난생 처음 경험하는 것이었지만 나는 본능적으로 알았다. 그건 내 안에서 자라나고 있는 아이, 그러니까 눈과 코와 입을 갖춘 씨앗처럼 작은 아이가 보내 온 첫 신호였다. 자기가 여기 있다고, 그러니 엄마는 혼자가 아니라고 위로하는 듯 자궁벽을 툭툭 건드리고 있었다.

얼마나 더 그러고 누워 있었는지 모르겠다. 이곳저곳 배를 짚을 때마다 손끝에 와 닿는 태동을 느끼며 나도 모를 눈물을 흘렸다. 더 이상 혼자가 아니라는 것, 요령부득으로 낯설어진 내 몸에 한 생명이 자라나고 있다는 사실이 믿기지 않을 만큼 신기하고 경이로웠다. 내가 그 생명을 품은 어미라는 사실도 새삼 감사하고 뿌듯했다. 길을 걷다가, 하나둘 잎이 지는 나무를 올려보다가도 무심결에 배 위로 손을 가져다 대면 여린 새살 같은 생명이 가슴 뭉클하게 전해져 왔다. 그건 어미와 아이만이 나눌 수 있는 특별한 교감이었다.

해산이 가까워 나는 서울로 돌아왔다. 오랜 진통 끝에 축복처럼 세상에 나온 아이는 어떤 예술작품보다도 위대해 보였다. 순하게 닫힌 눈꺼풀과 앙증맞은 코, 야문 입매. 손가락과 발가락이 정확히 열 개씩이라는 사실마저 기적처럼 여겨졌다. 가느다랗게 그어진 눈이 살짝 벌어질 때면 그로 인해 내 앞에 또 다른 세계가 열리는 것 같았다. 생명이 왜 위대한지, 인간이 이 지구에서 살아가는 것이 얼마나 감사하고 축복받은 일인지 그제야 뼈저리게 깨달을 수 있었다.

지금도 생명을 품고 있던 그때를 떠올리면 복합적인 감정들이 스쳐간다. 나조차 어찌해 볼 수 없는 몸의 징후들로 인해 고달팠고, 임신한 몸으로 학업을 병행하느라 이래저래 고단하기도 했다. 그러나 뱃속에 든 생명을 의식하고 살던 그 10개월 동안은 생명의 위대함과 생명 앞에서 겸허해야 할 인간의 자세를 다시금 배울 수 있는 시간이었다. 어머니가 된다는 것은 그처럼 한 세계의 탄생 앞에서 끊임없이 자신을 내려놓는 과정임을, 참고 또 참아야 하는 것임을 철저히 각성하게 한 시간이었다.

## 풀은 눕는다

나는 사람을 잘 믿는다. 천성적으로 그렇게 타고났다. 어쩌면 그건 유년 시절을 비교적 안온하게 지내 온 까닭인지도 모른다. 누군가의 믿음을 배신한다거나 타인으로부터 배신을 당할 수도 있다는 생각은, 그런 생각을 하는 것만으로도 왠지 초라하고 형편없는 사람이 되는 기분이었다. 하지만 그런 성향을 이용하려는 이들로 인해 크게 상처를 입은 적도 있다.

대학원을 졸업할 무렵, 언론의 스포트라이트를 받으며 화려하게 데뷔했지만 나는 그 모두를 뿌리치고 미국 유학을 결정했다. 마음 한편으로는 다시 한국에 돌아와 자리를 잡을 수 있을지 불안하기도 했으나 나름의 믿음이 있었기에 용기를 냈다. 주위 분들도 그런 내 뜻을 헤아리고는 진심으로 격려해 주었다. 특히 모교 은사님의 말은 내게 유학에 대한 확신을 심어 주었다.

"진정한 조각가가 되기 원한다면 필수적으로 해부학 공부를 해야 할거요. 모쪼록 다양한 분야에 대해 많이 배우고 돌아오길 바라오. 그러면 나도 곁에서 교수의 꿈을 이룰 수 있도록 도와주겠소."

은사님은 조각가이자 교수로 살고 싶어 하는 내 바람을 누구보다 깊게 이해하고 있었다. 모교의 학부와 대학원 과정을 거치는 동안 내 가능성을 눈여겨보고, 이를 적극 지지해 준 분이기도 했다. 강도 높은 노동을 요하는 조각 작업을 기꺼이 해 나갈 수 있었던 데에는 뚜렷한 목표 외에도 그러한 주위의 응원이 있었다.

나는 안심하고 더 넓은 세상으로 나아갔다. 한시도 게으름을 부리지 않으며 다양한 분야에 대해 탄탄한 경험과 지식을 쌓아 갔다. 그렇게 5년의 시간이 흘러 다시 서울로 돌아왔다. 그리고 희망에 부풀어 서둘러 모교를 찾았다. 조금은 낯설어진 캠퍼스를 걸으며 교육자로서, 또 작가로서 앞으로 활동을 펼쳐 나갈 생각에 기분 좋은 미소를 지었다. 그런데 나를 기다리고 있던 것은 전혀 다른 현실이었다. 모교의 후배가 학교를 장악한 채 그곳의 지배자인 양 권력을 휘두르고 있었다. 어떠한 설명도, 어떠한 변명도 없는 일방적인 통보였다.

망치로 뒤통수를 호되게 얻어맞은 느낌이었다. 다리가 후들거려 제대로 서 있을 수조차 없었다. 단 하나의 목표만을 바라보며 여기까지 왔는데, 그 모든 게 수포로 돌아가다니. 세상이 그대로 멈춰 버린 것만 같았다. 참혹한 심정으로 캠퍼스를 터덜거리며 걸어 나왔다. 하지만 아무리 걸어도 길은 끝없이 이어졌다. 새벽같이 등교하던 시절에는 그 길이 그토록 긴 거리였는지 미처 알지 못했다. 그러다가 지나가는 학생들의 힐끔거리는 시선을 느끼고서야 내가 울고 있다는 사실을 알았다.

오랫동안 내 삶의 추진력이 되어 왔던 목표를 잃어버리자 생활은 급속도로 망가져 갔다. 타지에서 유학하느라 그동안 제대로 돌보지 못한 아이들을 만났는데도 재회의 기쁨을 만끽할 마음의 여유조차 생기지 않았다. 시간이 흘러도 상황은 나아지지 않았다. 급기야 근거 없는 루머가 내 귀에까지 흘러들어오기에 이르렀다. 그것은 후배가 퍼뜨린 소문이었다. 유학파에, 남들과는 다른 집안 배경을 들먹이며 후배는 나를 점점 더 이상한 사람으로 몰아갔다.

그 끔찍한 7개월 동안 내 손은 조각을 떠나 있었다. 더 이상 작품활동을 하는 것이 의미 없다는 생각에 열의도 일지 않았다. 창작은커녕 내 자신을 지탱할 힘조차 없었다. 보다 못한 어머니가 나를 교회로 이끌었다. 어머니는 세상 전부가 내게 등을 돌린 것 같은 암울한 시기에도 곁에서 나를 지지하고 믿어 주었다. 함께 꿈을 꾼 분이었으므로 내가 느끼는 배신감을 누구보다 깊이 이해하고 공감했다. 그렇지만 이젠 그만 감정의 늪에서 빠져나오기를 바랐다. 신의 사랑과 은총에 기대 내가 치유되고 회복되기를 진심으로 기원했다.

어머니의 손에 이끌려 간 곳은 이른 새벽의 기도회였다. 패션디자이너였던 작은 언니가 신학 공부를 시작하던 무렵이어서 교회는 내게도 그리 생소한 공간이 아니었다. 그러나 익숙한 만큼 특별한 기대도 희망도 없었다. 마음의 각오도, 신 앞에 나가 나를 내려놓는다는 겸허함도 없었기에 옷차림에도 전혀 신경 쓰지 않았다. 아무래도 좋다는 식의 자포자기와 절망에 겹겹이 싸인 누에고치처럼 나는 예배당에 웅크려 앉았다.

붉은 십자가, 모서리가 닳은 방석들이 제일 먼저 눈에 들어왔다. 그리고 사람들, 마른 얼굴로 무릎을 꿇은 사람들이 보였다. 내 앞에는 남루한 행색의 아주머니가 앉아 있었다. 조용히 설교를 경청하던 그녀는 간간이 고개를 끄덕이는가 싶더니 기도 시간이 되자 어깨를 들썩이며 흐느끼기 시작했다. 다른 사람에게 들릴세라 속삭이듯 이어가던 그녀의 기도는 끊어질 듯 계속되었고, 급기야 주먹으로 자기 가슴을 치며 애끓는 사연을 토해 냈다. 그 모습이 어찌나 간절한지 보는 사람의 마음까지 아파 올 지경이었다.

어깨 너머로 들려오는 그녀의 기도를 흘려들으며 세상에 상처받은 사람들이 얼마나 많은지, 모두들 그 상흔을 어떻게 견뎌내고 있는지 눈으로 똑똑히 확인했다. 그러자 몇 개월 동안 배신의 상처를 끌어안고 자학해 왔던 일들이 빠르게 눈앞을 스쳐 지나갔다.

'나는 뭔가. 절대자에게 매달리는 저 여인의 간절함이 내게도 있었나. 그동안 내 뜻과 의지대로 모든 걸 풀어 나갈 수 있다는 생각에 너무 교만했던 것은 아닌가.'

고개를 들자 예배당 저편의 십자가가 눈물로 어룽진 시야에 들어왔다. 이천 년 전 아득한 시대, 한 사람이 거기에 못 박힌 채 매어 달렸다고 했다. 몸 안의 피를 쏟아 내며 죽어 가는 와중에도 자신을 십자가에 매단 사람들을 용서해 달라고, 저들은 저들이 하는 일들을 알지 못한다며 기도했다고 했다. 그는 죽음 직전, 신에게 어찌하여 나를 버리시느냐고 크게 울부짖었다.

그 순간, 봇물처럼 눈물과 기도가 터져 나왔다.

"제발, 사람을 원망하지 않게 해 주세요. 이 괴로운 감정의 터널을 지나갈 수 있게 저를 도와주세요."

나는 하소연하듯 입을 열었다. 못난 모습으로 세상을 원망하며 살아가고 싶지 않다고, 모든 일을 잊고 이제 그만 앞으로 나아가고 싶다고 되풀이했다. 절대자 앞에 인간적인 자존심을 내려놓고 어두운 새벽에 시작된 기도는 날이 훤해질 때까지 계속되었다. 응어리진 것이 하나둘 풀어지고 마음이 차츰 평안해질 무렵, 나는 마침내 눈을 떴다. 어머니는 멀찍이 떨어져 앉은 자리에서 기다리고 있었다. 머쓱한 얼굴로 일어나 어머니에게 다가가는데 모래주머니가 매달린 듯 무겁던 걸음이 가벼웠다. 자유로움이란 이런 것이었나 싶어 나도 모르게 또 눈물이 배어 나왔다. 그러나 이번의 눈물은 통한의 짠 눈물이 아니었다. 상처와 미움, 절망의 늪에서 나를 건져낸 회심의 눈물이었다.

결국 그 모든 일은 전화위복이 되었다. 가슴에 패인 상흔으로 인해 이전보다 더 굳은 결의로 작업에 매달릴 수 있었고, 연달아 파격적이고 실험적인 작품을 세상에 내놓을 수 있었다. 천애고아처럼 고립되어 있던 내게 하나둘 소중한 인연이 다가오기 시작한 것도 그때부터였다. 화단과 화랑, 학계의 여러 인연들을 만나면서 대학 강단에도 서게 되었다.

<<< 시크릿가든 / 자수정, 유리, 스테인리스 스틸, 특수컬러 / 2009

귀국 후 수개월 동안 겪었던 마음고생을 생각하면 지금도 몸서리가 쳐진다. 상처투성이인 채로 교회 문을 밀고 들어가 앉아 있던 내 모습이 떠올라 슬며시 다시 마음이 아파지기도 한다. 그때마다 나는 인간적인 아집과 오기로 또다시 어깨에 잔뜩 무거운 짐을 지고 있는 건 아닌지 스스로를 돌아본다. 그리고 감당할 만큼의 무게만 담고 있는 연잎의 지혜를 떠올리며 무거운 자아를 내려놓는다.

김수영의 시처럼 날만 흐려도 풀은 눕는다. 비를 몰아오는 바람에 납작 눕고, 제 몸을 파르르 떨며 울어 댄다. 그러나 풀은 바람보다 먼저 일어나고, 바람보다 먼저 웃는다. 세상에서 가장 흔한 풀에게서 나는 강하면서도 질긴 생명력을 배운다. 비를 몰아오는 바람 속에서 한 포기의 풀은 더 크고 넓은 생명력을 가지게 된다는 사실을 나는 믿는다.

## 어두운 골짜기를 지나

예술가로서의 이상만큼이나 내게는 또 다른 꿈이 있었다. 그것은 따뜻하고 안정된 가정을 이루고 싶다는 평범한 바람이었다. 허나 막상 결혼을 하고 보니 보통의 가정을 꾸려가는 것조차 얼마나 어렵고 힘든 일인지 깨닫게 되었다. 건강한 가정은 혼자 힘으로 이룰 수도 없거니와 물질적인 풍족함이나 화려한 배경만으로는 절대 만들 수 없는 것이었다.

남편은 가슴이 따뜻한 사람이었다. 하지만 좋은 가장이 되기에는 부적합한 환경에 놓여 있었다. 부유한 환경에서 떠받들어지며 자랐지만 복잡한 가정사로 인해 진정한 사랑을 받지 못했고, 그런 탓에 항상 마음 깊은 곳의 문을 닫고 살았다. 그런 그가 내게 사랑을 느끼고 마음을 열어 먼저 손을 내밀었다는 것이 새삼 기적처럼 느껴질 정도였다.

그는 사랑을 표현하는 데 서툴렀다. 꼬물거리며 자라나는 아이들을 포근하게 안아주거나 다정하게 아이들의 이름을 불러 주는 일도 별로 없었다. 그런 남편으로 인해 아이들이 부정父情을 느끼지 못하고 자라는 현실이 나는 늘 안타까웠다. 그럼에도 시간이 지나면 모든 게 나아질 거라 믿었다. 그만큼 그를 신뢰했고, 깊이 사랑했다.

그런데 젊은 여성이 시아버님의 반려로 새로 들어오면서 뜻밖의 갈등이 시작되었다. 그분에게는 시아버님의 사랑을 받고 있던 내가 눈엣가시처럼 보인 모양이었다. 그래서 불편한 심기를 우리 가정을 통제하는 것으로 풀곤 했다. 시어른은 내가 강의를 나갈 시간에 불쑥 집으로 찾아오기도 하고, 억지로 트집을 잡아 나를 옭아매려 들었다. 뿐만 아니라 모든 경제권을 통제하여 매달 생활비를 걱정해야 할 지경으로 내몰았다. 남편 또한 말도 안 되는 모든 상황을 기막혀하며 지켜보았지만 자신이 달리 어쩔 도리가 없다고 여겼는지 무심함으로 일관했다. 혼자서 시댁과 맞설 수 없었던 나는 그 모든 것을 고스란히 감내하는 수밖에 없었다. 주부로서, 작가로서, 그리고 또 교수로서 해야 할 일이 쌓여 있었지만 내 걸음은 자꾸 더디어질 수밖에 없었다.

시어른의 횡포는 시간이 지나도 나아질 기미가 보이지 않았다. 아침부터 들이닥쳐 굿판을 벌이는가 하면, 어떤 날은 부적을 사다가 집안 곳곳에 붙여 놓으며 온갖 비방과 막말을 쏟아 냈다. 시어른이 입을 열면 아이들 귀부터 막아야 할 정도였다. 그럼에도 내가 묵묵히 견뎌 내자 시어른은 한층 더 무서운 일들을 기도했다. 스캔들을 조작해 억지 이혼을 종용하려는 것이었다. 전시회 문제로 이성과 이야기만 나누어도 그것이 녹취되어 이혼 자료로 불쑥 들이밀어지는 상황이었다.

이혼에 대한 종용은 점점 더 거칠어졌다. 남편도 시댁의 막강한 힘 앞에서는 연약한 가지에 불과했다. 방관자처럼 한 걸음 물러서 있을 뿐 방패막이가 돼주지 못했다. 그저 다른 여자들처럼 교활하게 맞대응하라고 일갈할 뿐이었다. 다른 시댁 식구들도 더 이상 나를 살갑게 대하지 않았다. 결혼할 당시만 해도 며느리가 들어와 집안 분위기가 좋아졌다며 기뻐하고 인정하던 분들이 한 사람의 모함에 차갑게 돌아섰다. 지독히도 외롭고 절망적인 시간이었다. 어디에도 발붙일 곳이 없다는 생각에 매순간 무릎이 푹푹 꺾였다.

시어른은 심지어 내 교수자리를 두고 협박했다. 학교에 스캔들을 퍼뜨리겠다는 것이었다. 눈앞이 캄캄했다. 아무리 뜬소문이고 조작된 스캔들이라고 해도 추문에 얽혀 바닥으로 추락하는 건 시간문제였다. 훨씬 시간이 흐른 뒤 진실이 밝혀진다고 한들 무슨 소용이 있겠는가.

결국 나는 극단적인 선택을 했다. 마음을 다지며 온갖 풍파를 이겨왔지만 도무지 더 이상은 버틸 힘이 없었다. 탐욕과 질투에 눈이 멀어 거짓을 일삼는 저열함을 보고 나니 싸울 의지도 생기지 않았다. 죄책감과 회한으로 눈앞이 흐려져 나는 모든 희망의 끈을 손에서 놓아 버렸다. 모든 걸 포기하고, 세상에 대한 미련을 버렸다.

식구들에게 발견되어 병원으로 옮겨진 뒤, 며칠이 지나 겨우 의식은 되찾았지만 마지막 결심마저 실패로 돌아갔다는 극도의 절망감에 눈물도 나오지 않았다. 내가 의외의 결단을 하고 나서자 다급해진 건 시댁 쪽이었다. 이번에는 미수에 그쳤지만 다음번에는 아닐 수도 있다는 위기감 때문인지 병원에 누워 있는 나를 향해 더욱 지독한 말들을 퍼부어 댔다.

그렇게 이혼을 종용하던 어느 날, 시어른은 미처 몸을 추스르지도 못한 나를 아이들이 지켜보는 앞에서 밖으로 내몰았다. 소지품 하나 챙기지 못한 채 입고 있던 옷차림 그대로 대문 밖으로 밀려났다. 무엇을 용서받아야 하는지도 모른 채 울면서 용서해 달라며 대문을 두드렸지만 굳게 잠긴 문은 다시 열리지 않았다.

얇은 옷 하나만 걸친 채 나는 거리를 떠돌았다. 차마 지병을 앓고 있는 친정 부모님께 갈 수는 없었다. 형제들에게도 폐를 끼치고 싶지 않았다. 그러고 나니 갈 데라곤 교회뿐이었다. 교회에 가서 울며 매달려 기도하는 것 외에는 내게 할 수 있는 건 아무것도 없었다. 기도를 하지 않고 있을 때는 혼이 빠진 사람처럼 지냈다. 뜻하지 않은 이별의 충격에 분노를 느낄 여력도 없었다. 둔기에 머리를 심하게 맞은 사람처럼 그저 멍하니 시간을 흘려보냈다. 마치 가위에 눌려 온몸이 묶인 채 긴 악몽을 꾸고 있는 것 같았다.

온 마음을 다해 사랑했음에도 다른 이유로 가정이 깨질 수 있다는 사실이 믿기지가 않았다. 우리 부부는 이별을 원하지 않았고, 남편은 누구보다 나를 신뢰했다. 틈틈이 찾아와 나를 위로했고 아이들의 소식도 꾸준히 전해 주었다. 내가 처한 상황을 가슴 아파하면서 어떻게든 내 편에 서서 뭔가를 하려고 노력했다. 하지만 그마저도 시댁에 알려지면서 상황은 더 어려워졌다. 시댁에서 유산을 비롯한 경제권을 내세워 남편을 압박하고 나선 것이었다.

내 사랑은 그를 복잡한 가정환경의 고리에서 끊어내기에 역부족이었다. 그로 인해 계속되는 고통과 상처들은 가시처럼 다시 나를 찔러 댈 뿐이었다. 결국 나는 남편과 헤어졌다. 며칠 동안 옷도 갈아입지 못한 채 교회에 기거하며 하루 한 끼로 버텼다. 이유도 모른 채 내쳐져 세상에 홀로 버려진 느낌이었지만 누구의 어깨에도 기댈 수 없었다. 하루하루가 막막하던 그때, 유일한 위안은 비로소 아귀다툼이 없는 곳으로 나왔다는 홀가분한 감정뿐이었다. 아무것도 없는 빈털터리가 되었으나 막막한 어둠 속에서 묘한 안도감을 느꼈다. 나는 점점 더 작아지고 낮아졌다. 더 이상 추락할 곳이 없을 만큼 낮은 자리에서 처절하게 깨어졌다.

그러나 아이들과 생이별해 살아가는 고통은 끝내 참아 내기 힘들었다. 어제까지만 해도 함께 식사하며 챙겨 주던 두 아이를 볼 수 없다는 상실감은 나를 완전히 무너뜨려 버렸다. 아이들의 몸짓이며 작은 입술, 엄마를 위해 기도할 거라며 고사리손을 모으던 모습이 떠오를 때면 고통에 몸부림쳤다. 밤이면 아이들 생각에 잠을 이룰 수 없었고, 지친 몸을 이끌고 강의를 하다가도 불현듯 아이들 생각이 떠올라 가슴을 움켜쥐었다.

아이들의 목소리라도 듣고 싶어서 전화를 하니 시댁에서는 아예 전화번호를 바꿔 버린 뒤였다. 학교로 찾아가면 중간에서 아이를 가로채 만남 자체를 막아 버렸다. 같은 하늘에 살고 있으면서도 만날 수 없다는 사실은 나를 끝내 미치게 만들었다. 너무 괴로워 고통을 잊으려고 술을 입에 대기도 했다. 그런데도 취하기는커녕 그리움만 더 깊어 갔다. 나는 간신

‹‹‹ 유토피아 / 스테인리스 스틸, 조명, 유리, 아크릴, 자갈, 흙 / 가변설치 / 2003

히 몸을 일으켜 학교에 갈 때를 제외하곤 아무것도 하지 않고 틀어박혀 지냈다. 온 집안을 어두운 커튼으로 두르고 막 내린 뒤의 배우들처럼 그 어둠 속으로 사그러들었다.

그러다가도 시댁에서 아이들에게 내 얘기를 함부로 하고 있을 거라는 생각에 자리에서 벌떡 일어나 가슴을 움켜쥐었다. 여리디 여린 아이들이 자애로운 엄마가 아니라 쫓겨난 엄마, 스캔들이 났던 엄마로 기억하며 상처 입은 채 자랄 생각을 하니 마음이 찢어질 듯 아팠다. 그러느니 차라리 내가 없어져 버리는 게 낫지 않을까 싶었다. 아이들에게 이런 엄마로 살아남아 무슨 의미가 있을까 싶은 생각도 들었다.

그렇게 흔들리며 기도하던 어느 날, 귀가 길에 모자가 함께 집으로 돌아가는 모습이 눈에 들어왔다. 아들은 장바구니를 든 어머니의 짐을 슬며시 제 손에 옮겨 쥐고, 어머니는 아들의 어깨에 걸린 무거운 책가방을 들어 주겠다고 길 한복판에서 실랑이를 벌이고 있었다. 나는 못 본 척 그들을 지나 걸음을 옮겼다. 하지만 나도 모르게 자꾸 다리가 후들거렸다. 눈에서는 눈물이 후두둑 떨어져 내렸다. 나는 손등으로 눈물을 훔치며 고개를 들었다. 그리고 먼 훗날 내 아이들과 나란히 길 위에 서 있는 내 모습을 그려 보았다. 아이들은 어깨를 나란히 하고 내 곁에 서 있다. 한 아이는 훌쩍 자라 나보다 키가 더 크다. 그 키 큰 아이가 나를 미소 지으며 바라본다…….

그런 생각을 하자 내 안의 무언가가 뜨겁게 치솟았다. 무슨 일이 있어도 살아 있어야 한다는 생각이었다. 굳세고 강하게 살아남아야 했다. 그래야 아이들을 만날 수 있을 것 같았다. 지금 당장은 만날 수 없지만 멀리서나마 내가 열심히 잘 살고 있다는 것을 알리고 싶었다. 아이들에게 내 소식을 전하고 나를 보게 할 방법은 그것뿐이었다. 그것은 가장 나다운 모습으로 살아가는 길이기도 했다.

그 길로 몇 개월 만에 작업복을 챙겨 입었다. 그리고 한 손에 용접기를 들었다. 전원을 열자 용접기 끝에서 푸른 불꽃이 달아올랐다. 나는 거기에, 그 불꽃에 아이들과 함께할 미래가 달려 있다고 생각했다. 그 불꽃처럼 단단히 뜨거워지자고 다짐했다.

세상을 살다 보면 때때로 생각지도 않은 일들을 겪게 된다. 남편과 아이들과의 이별 또한 전혀 예상치 못한 일이었다. 하지만 준비되지 않은 이별로 인해 나는 삶에 대해 보다 겸손해질 수 있었다. 내 힘으로 어찌해 볼 수 없는 세상이지만 그럼에도 인간으로서 지켜 내야 할 것이 무엇인지 깊이 생각하는 계기가 되기도 했다.

헬렌 켈러는 말한다. "오직 시련과 고난의 경험을 통해 우리는 강해지고 우리의 비전은 더욱 분명해지며 우리의 목표가 이루어진다." 나 역시 그분의 말에 전적으로 동감한다. 아무도 아픔과 시련을 기꺼워하는 이는 없다. 그러나 어두운 골짜기를 지나며 예술가는 비로소 더 깊고 내밀한 세계를 획득한다. 불에 달구어질수록 날이 서는 쇠처럼.

## 찬 바다를 안고, 두려움 없이

"뭐 하고 싶은 거 없니?"

"아니요."

"엄마랑 옷 사러 갈래? 무슨 옷이 좋은지 네가 한번 골라 봐."

"저, 그런 거 못해요. 알아서 하세요."

"우리 여행 갈까?"

"맘대로 하세요."

이혼 후 7년 만에 만난 딸아이는 더 이상 내 기억 속의 아이가 아니었다. 무엇 하나 결정하지 못한 채 주눅 들어 있었고, 순간순간 자신을 방어하기에 바빴다. 어렵게 만난 아이에게 사랑을 주고 그동안 못다 한 엄마로서의 역할도 하고 싶었으나 아이는 내 앞에서 두터운 보호막을 치고 있었다.

아이는 한창 사춘기를 겪고 있었다. 예쁘고 깨끗했던 얼굴에 온통 빨간 여드름이 돋아나 있었다. 겉보기에는 그저 사춘기에 돋아난 여드름처럼 보였지만 나는 어미의 직감으로 알 수 있었다. 속에 쌓인 응어리들이 하나둘 표출되고 있다는 것을.

딸아이는 애정 어린 관심과 보살핌 없이 크면서 저 혼자 성장통을 겪고 있었다. 커다란 저택에 살면서도 무관심에 방치된 채 홀로 상처를 달랬을 것이고, 자신을 이렇게 만들어 놓은 환경과 세상을 많이도 원망했을 것이다. 아이에게는 꿈보다 좌절이 더 가깝고 익숙했으리라.

아이는 그로 인한 상처를 신음처럼 토해 내고 있었다. 수년 만에 만난 어미 앞에서 조금은 드러내고, 조금은 감추기도 하면서. 그러니 그 신음을 귀로 듣고 가슴으로 보듬는 건 어미로서 의당 감내해야 할 몫이었다. 아이가 사랑받을 준비가 되어 있지 않아도, 서로에 대한 이해가 부족해 소통이 힘들어도 그 모두를 품어 안아야 했다.

얼마 뒤, 예전에 집안일을 도와주셨던 분이 나를 찾아왔다. 시댁과는 먼 친척뻘로 그쪽 집안일을 돕는 분이었다. 그런데 그분을 통해 듣게 된 이야기가 너무 충격적이었다. 나를 쫓아낸 뒤 시어른은 집안을 완전히 장악했다. 아이들에게 내 이야기는 입 밖에 꺼내지도 못하게 하면서 나를 집 나간 나쁜 어미로 세뇌시켰다. 그러고도 모자라 그 넓은 집에 아이들을 마냥 방치해 두었다. 집안의 모든 결정권이 그분에게 있었기에 누구도 거기에 맞설 수 없었다. 태어날 때부터 왕자와 공주처럼 대접받던 아이들은 점심을 굶는 건 물론이고 제대로 입고 씻지도 못했다. 걸핏하면 학교에서 아이들을 염려하는 전화가 걸려 올 정도였다.

뿐만 아니라 젊은 시어른은 시아버님과 재혼하면서 아이를 낳지 않기로 한 약속을 깨고 딸을 낳았다. 그 탓에 아이들은 갑자기 나타난 어린 고

모에게 꼬박꼬박 존대를 해야 했고, 어린 고모를 씻기고 돌보고 가르쳐야 했다. 새로 태어난 아기 때문에 관심 밖으로 밀려난 아이들은 몰래 빈 병을 주워 팔아 간식을 사먹기에 이르렀다. 그러나 남편은 아이들이 그 지경이 되도록 무관심했다. 현실을 도피하듯 밖으로만 맴돌았다. 하루아침에 어머니를 잃고 아버지마저 곁에 없는 아이들이 남의 눈치를 보고 주눅이 드는 건 당연한 일이었다. 어린 가슴에 세상과 부모에 대한 원망이 깃들 만했다.

그제야 며칠 전, 딸아이가 내게 퍼부었던 말이 떠올랐다.

"엄마, 그거 모르지? 아빠 만날 늦게 들어오고, 도우미 아줌마하고만 있다 보면 세상에 내가 없는 사람 같은 기분이 드는 거. 난 '엄마 없이도 밝은 아이' 라는 그 수식어가 너무 싫었어. 오빠랑 난 챙겨주는 사람도 없이 둘이 컸고. 방과 후에 집에 오면 반겨주는 사람 하나 없던, 몇 백 평 되던 그 집이 얼마나 싫었는지 몰라. '재벌집 딸래미' 라는 난 영양실조에도 걸려봤고 오빤 아파서 병원에 입원하기도 했었는데, 어른들은 오빠가 꾀병 부린다고 하고 아빠는 오빠가 입원해 있는 동안 한 번도 와 본 적이 없었어. 입원한 사실도 나중에 알았다고 말할 정도였으니까. 이제 알겠어? 우리가 어떻게 살았는지……."

그 말이 다시 생생하게 되새겨져 가슴이 미어졌다. 온 집안의 축하 인사를 3년 동안 받을 만큼 귀하게 자란 아이들이었다. 그런데 한 사람의 모략으로 가정이 깨진 것도 모자라 어린 아이들에게 씻을 수 없는 상처를 안졌다는 사실에 치가 떨렸다. 나는 주저앉아 땅을 치며 통곡했다. 기도를 하고 싶었지만 억울하고 원통한 마음에 제대로 된 말이 나오지 않아 울부짖음만 이어졌다.

"엄마가 미안해. 아프게 해서 미안해. 지켜 주지 못해서 정말 미안해. 이 못난 엄마를 용서해 주렴."

사랑이 그리웠을 아이의 마음을 치유하기 위해 나는 매일 눈물로 기도했다. 사람으로 인해 상처 입은 마음이 치유되기를, 굳게 닫힌 마음의 빗장이 풀어지기를, 그리고 하나님의 사랑으로 아이의 마음에 빛이 비추기를 간절히 바라고 또 바랐다.

그리고 작업을 통해 내 상한 마음을 치유하는 한편, 아이들에 대한 사랑을 표현했다. 나무를 깎고 다듬어 재료를 하나하나 붙여 가면서 아이들의 상처를 달랬고, 슬픔도 없고 고통도 없이 늘 아름다운 찬양과 기쁨이 있는 하늘을 보여 주었다. 아이들이 잃어버린, 그러나 우리가 함께 찾게 될 낙원을 다양한 빛과 색으로 그려 보였다.

그 사이 아이도 눈에 띄게 변해 갔다. 끊임없이 나를 공격했고, 살아오면서 겪은 일들을 쏟아 내며 여전히 나를 울게 만들었지만 그건 아이가 자신을 치유해 가는 나름의 방식이었다. 주눅 들어 있던 아이는 차츰 자기표현을 하기 시작했고, 자신의 감정을 표현할 대상이 어머니라는 사실을 깨달아 가며 긍정적인 변화를 보였다. 나 역시 모든 걸 바치겠다는 마음으로 딸과 함께 시간을 보냈다.

그로부터 얼마 뒤에는 아들과도 연락이 닿았다. 이 시기가 지나면 함께 살 기회가 없을 것 같다는 생각에 아들과 1년여 동안 같이 지내기로 했다. 하지만 막상 결정을 내리고 나자 또 한차례 눈물과 상처로 얼룩진 시간을 보낼 생각에 두려움이 앞섰다. 시댁 식구들이 혹 다른 뜻으로 아들을 내게 보내는 게 아닌지 염려되기도 했다. 그때 내게 큰 용기를 준 분이 있다. 처음으로 퍼블릭 아트 분야에 도전하면서 작가와 클라이언트로 대립각을 세우기도 했던 이 회장님이었다.

그분은 소설 『대망』에서 도쿠가와 이에야스의 어머니가 끝까지 아들의 손을 놓지 않았던 에피소드를 상기시켜 주면서 나를 격려했다. 나는 그 말에 용기를 내어 아들과 1년간 함께하는 생활을 시작했다. 그런데 같이 지내다 보니 아들에게는 딸아이보다 더 큰 사랑이 필요해 보였다. 틈만 나면 뿔을 세우고 달려드는 통에 수시로 이리저리 치이며 전보다 더 고통스런 시간을 보내야 했다. 가족들은 점점 지쳐 가는 나를 말렸지만 어미로서 자식을 품으려는 모성에 적당한 타협이 가능할 리 없었다. 모성은 나 자신조차 어떻게 해 볼 수 없는 근원적 사랑이자 위기의 순간에 더 빛을 발해 나를 끌어가는 원동력이었다.

아들과도 차츰 서로를 이해하게 되었다. 아들은 어머니라는 존재에 대한 부정적인 시각을 털어냈고, 나 역시 어미로서의 사랑을 아들에게 무한정 퍼부었다. 아들과의 관계가 회복되어 가자 나는 아들의 꿈에도 관심

‹‹‹ 시크릿가든 / 유리, 마노, 옥, 자수정, 특수 컬러 / 2009

을 기울였다. 학생들을 지도하는 교수로서 정작 내 아이들의 꿈에 대해서는 아무런 도움도 주지 못했다는 자책도 있었다.

"그래, 앞으로는 뭘 하고 싶니?"

"…음악이요."

"그렇구나. 하긴 넌 예전부터 찬송가를 잘 따라 부르곤 했지. 어릴 때부터 음악에 소질이 있었어."

"하지만 아버지가 반대해요."

"그래? 나는 네가 좋아하는 걸 끝까지 했으면 좋겠는데…."

예술을 하는 사람으로서 예술가를 꿈꾸는 자녀를 보는 기쁨이란 더할 나위 없이 컸다. 아이는 선천적으로 예술 분야에 남다른 감각이 있었다. 퍼커션을 연주하는 게임에서 최고 점수를 올려 일본에서 찾아올 정도로 아이는 음악과 예술, 게임 분야에 남다른 재능이 있었다. 어미로서뿐 아니라 예술계의 선배로서 본능적으로 그런 예술 감각을 감지할 수 있었다. 그래서 나는 아들과 함께 있는 동안 아이가 스스로의 달란트를 계발할 수 있도록 최대한의 노력을 기울였다. 덕분에 아들이 다시 시댁으로 돌아갈 즈음에는 혼자서도 자신의 꿈을 찾을  준비가 되어 있었다.

내가 아이들의 어미로서 함께한 시간은 고작 2년여에 불과했다. 그러나 그 시간을 통해 나는 좀 더 성숙한 인간으로 한 걸음 내디딜 수 있었다. 아이들과 함께 지내면서 가슴앓이도 많이 했고, 어쩔 수 없이 입게 된 상처로 피 흘리기도 했지만 그 또한 우리가 서로를 사랑하기 위한 대가였다고 생각한다. 뒤늦게 그 대가를 치르면서 남모를 아픔도 많았으나 그 모든 삶의 기록은 내 기억 속에, 그리고 작품 속에 추억과 영감으로 승화되었다.

아이들은 지금 각자 자신의 길을 찾아 먼 곳에 가 있다. 딸아이는 알래스카에 있는 친구 수잔과 연락이 닿아 동부로 유학을 갔고, 아들도 자신이 정한 길을 착실히 가고 있는 중이다. 아이들이 어떤 삶을 살게 될지 가끔은 기대도 되고 궁금해 가슴이 뛰기도 하지만, 어떤 삶을 살든 나는 언제나 아이들을 마지막까지 응원할 것이다. 그리고 무슨 일을 하든 가슴에 따뜻한 사랑을 품은 사람이 되기를 기도할 것이다. 끝없는 샘처럼 솟아나는 제 안의 사랑을 사람들에게 나누어 주고 자신도 그런 사랑을 듬뿍 받으며 살아가기를 간절히 바라면서.

인생은 마치 어부처럼 홀로 노를 저어 가며 찬 바다를 안고 가는 일일지 모른다. 그러나 우리에게 사랑이 있다면 두려움 없이 계속 노를 저어 나아갈 수 있을 것이다. 인간으로서, 그리고 예술가로서 모든 이에게는 그런 뜨거운 사랑이 필요하다. 실패하고 가시에 찔려도 끝까지 끌어안는 사랑. 그 사랑만이 우리가 끝까지 인간임을 포기하지 않게 하리라는 사실을 나는 믿는다.

## ■■■ 똘레랑스, 견디는 시간들

프랑스의 잔디밭 앞에는 다음과 같은 팻말이 종종 세워져 있다고 한다.

"존중하시오. 그리하여 존중하게 하시오.(Respectez, et faites respecter.)"

이 말에는 프랑스 사회의 똘레랑스tolerance 정신이 단적으로 담겨져 있다. 타인을 존중함으로써 타인으로 하여금 당신을 존중하게 하라는 부드러운 충고가 새겨져 있는 것이다. 그런데 이러한 똘레랑스의 개념은 정치나 종교의 신념에만 해당하지는 않는다. 평범한 일상을 살아가는 우리에게 꼭 필요한 삶의 습관이기도 하다.

똘레랑스에는 관용과 존중, 아량과 인내의 뜻이 담겨 있다. 상대의 말을 경청하고 상대방의 입장에서 생각하는 역지사지易地思之의 지혜다. 이 똘레랑스 정신을 배우기까지 나 역시 많은 시행착오를 겪었다. 아픔이나 기다림, 혹은 사람을 견디기 위해 많은 시간을 고통 속에서 보냈다. 견딘다는 건 현실을 못 본 척 눈을 감아 버리는 것도 아니고, 적당히 타협하며 제자리를 고수해 내는 걸 의미하지도 않는다. 모든 것을 있는 그대로 받아들이는 것을 뜻한다.

이혼은 내 삶의 많은 부분을 바꾸어 놓았다. 남편과의 이별, 아이들과의 헤어짐으로 내면을 폐허처럼 무너뜨렸다. 수년의 시간이 흘러 훌쩍 자란 아이들과 재회했을 때는 그간의 이해와 소통 부족으로 또 다른 상처와 아픔들을 견뎌야 했다. 오랫동안 떨어져 있던 탓인지 아이들은 발톱을 치켜세우고 감정적으로 들이받았다. 그건 만나지 못해 애태우던 것과는 또 다른 종류의 고통이었다. 성난 아이의 모습에서 그동안 받았던 상처를 확인하는 일은 매번 괴롭고 힘겨웠다.

그렇듯 비참하고 힘든 순간마다 나는 '있는 그대로를 받아들이는' 똘레랑스 정신을 떠올렸다. 고통을 참아 내기 위해 할 수 있는 건 모조리 다한 상태였다. 이제 남은 방법이라곤 현실을 있는 그대로를 받아들이는 것뿐이었다. 우리가 깨어진 가정의 구성원이라는 사실, 그로 인해 남들보다 쉽게 상처받을 수밖에 없는 사람들이라는 사실을 똑바로 직시하는 과정이 필요했다. 내가 바라는 이상형이나 엄격한 잣대를 들이대기보다 내 앞에 있는 그대로의 아이들을 존중하고 공감대를 찾기 위해 노력했다. 그렇게 나를 담금질하고 견디어 나가자 나중에는 인정하고 싶지 않은 사실조차 있는 그대로 받아들일 수 있게 되었다.

내가 조금만 더 이기적인 사람이었더라면 상황은 다르게 전개되었을지도 모르겠다. 하지만 나는 뼛속까지 내 어머니를 닮아 있었다. 남에게 상처를 주느니 차라리 내가 더 앓고 감내하는 편이었다. 내 뜻이 아닌 타의로 깨진 가정이지만 나 자신이 더한 자책감을 안고 살아온 것 또한 어머니의 사랑법을 물려받은 덕이었다. 나를 아는 지인들은 그걸 예술가 특유의 결벽증으로 이해하기도 하지만 나는 그조차 어머니를 닮은 것이라고 믿고 있다.

그 후로도 꽤 긴 똘레랑스의 시간을 보내야 했다. 나의 마음 수련은 지금도 진행 중이다. 나는 오늘도 고통과 창작이 톱니바퀴처럼 맞물려 돌아가는 하루하루를 견뎌 내며 나를 괴롭히고 얽매던 뿌리로부터 자유로워지기를 꿈꾼다. 상처를 꿰매느라 한편으로는 여전히 고단하기도 하지만 상대방을 있는 그대로 인정하고 받아들이는 똘레랑스 정신으로 무장한 덕분인지 더 이상 두려움은 없다. 게다가 내게는 이 모든 시간들이 고스란히 투영된 작품이 있지 않은가.

나는 내 앞에 놓인 또 하나의 작품을 매만지며 안도의 미소를 짓는다. 고단한 삶을 견뎌온 내 모습이 담긴 작품들을 쓰다듬으며 또다시 힘을 낸다. 그래서 조금도 쓸쓸하거나 외롭지 않다. 환희와 고통의 삶이자 애환의 기억들, 그리고 그 모든 것을 통과해 온 내가 바로 거기, 작품 안에 살아 숨 쉬고 있기 때문이다.

나 역시 인간이기에 때로는
'있는 그대로 받아들이기'를 실천하기가 무척 어렵다.
하지만 나는 새 날을 맞아 오늘도 또 다시 노력한다.
묻지도 따지지도 않은 채 이 모습 그대로
나를 받아주신 그 분의 사랑이 있었기에.

# 6

# 내일을 위해 오늘을 사랑하다

## ■■■ 공명, 심상에 각인되는 예술

공명共鳴이란, 말 그대로 '같이 울리는 현상'을 의미한다. 피아노의 건반을 누른 다음 그것과 비슷한 음을 사람의 목소리로 내면 건반에서 손을 뗀 뒤에도 한동안 피아노의 현이 계속해서 울리는 현상이 바로 공명이다. 공명은 물체가 일정한 주파수로 진동할 때 발생한다. 피아노 음의 진동수와 사람의 목소리 진동수가 같을 때에만 공명이 일어난다는 뜻이다. 주변에 같은 진동수로 울리는 물체가 없을 때에는 공명이 일어나지 않는다.

그런데 내 경우에는 그 진동의 폭이 비교적 광범위하다. 흔히 그냥 지나칠 법한 사소한 부분에서조차 쉽게 마음이 흔들리곤 한다. 나는 특히 보고 듣는 것에 대한 잔상이 긴 편에 속한다. 부부가 마지막 한 개 남은 찐빵을 서로의 입에 넣어 주려고 옥신각신하는 모습이라든지, 간절히 기도하는 여인의 뒷모습 같은 것을 보면 그들이 남긴 인간적인 잔상에서 한동안 헤어나지 못할 때가 많다.

어떤 이들은 그걸 가리켜 예술가적 기질이라고도 하는데 나는 그보다는 내 DNA 속에 감동의 인자가 두드러진 때문이 아닌가 싶다. '크게 느껴 마음이 움직이는 것'이라는 감동의 사전적인 의미처럼 어떤 모습이나 장면 앞에서 나도 모르게 눈물을 흘리거나 감정적인 파고를 겪곤 한다. 단순히 '좋다' 라든지 '행복하다' 라는 말로는 표현할 수 없는 강렬한 에너지에 휩싸이는 것이다.

어린 시절부터 나는 주위의 것을 오랫동안 바라보곤 했다. 흙을 뚫고 솟아오르는 새싹과 붉게 물들어 가는 단풍잎을 보면서, 혹은 찌푸렸던 하늘이 말갛게 개는 것을 보면서 조용히 탄성을 지르곤 했다. 미국 유학 시절, 그랜드캐년의 엄청난 스케일에 압도되어 자연의 숭고함을 느꼈고, 아들이 가르쳐 준 고스톱 한 판에 배꼽을 쥐고 웃으며 잔잔한 생활의 감동을 느끼기도 했다. 인간의 삶 구석구석에 그토록 많은 감동의 순간들이 숨겨져 있다는 사실이 그저 놀랍고 감사했다.

살아오면서 경험한 그 공명의 순간을 지금껏 나는 작품으로 표현해 왔다. 자연의 위대함에서 받은 감동과 고즈넉한 쉼을 통해 얻은 마음의 여운을, 그리고 슬픔과 고통 속에서 건져 올린 한 줄기 눈물과 웃음을 고스란히 작품에 담아냈다. 고통이 고통으로만 끝나는 게 아니라는 사실을 알고 있었으므로 고통 너머에 있는 사랑과 관용, 안식과 평화에 대해 작품을 매개로 메시지를 전했다.

2010년 여름, 부천 국제 퍼포먼스 아트 페스티벌에 참가했을 때도 같은 마음이었다. 솔직히 처음 초청을 받았을 때는 선뜻 결정을 내리지 못하고 망설였다. 10여 년의 적지 않은 역사를 가진 페스티벌이긴 했지만 세계적으로 저명한 축제는 아니었으므로 중견작가로서 이런저런 고민이 되었던 것이다.

주저하던 나를 이끈 것은 행사를 주최한 예술가들의 열정이었다. 이제껏 한국과 외국을 넘나들며 여러 작가들과 교류해 왔지만 멕시코에서 만난 작가들만큼 갈등을 준 사람들도 드물다. 4~50대의 젊은 예술가로 구성된 작가들은 하나같이 자기 일에 대한 자긍심과 도전의지로 가득 차 있었다. 폴란드인으로 유러피언 퍼포먼스 아트 페스티벌 큐레이터를 맡았던 발드마르, 미국 조지아 애틀랜타시스프라그 오버댄스 퍼포먼스 등에 참가한 에밀리 마라, 부천 국제페스티벌의 타이틀인 '아름다운 음악이 함께하는 퍼포먼스 플랫폼' 에 부합하는 음악가 롭 로이를 비롯해 여러 예술가들은 자신에게 주어진 시간을 최대한 활용하여 표현하고자 하는 바를 독특한 관점에서 풀어냈다.

나는 자신의 예술 세계에 대해 치열하게 고민하고, 확고한 신념으로 그 메시지를 풀어내는 이들의 재기어린 몸짓에 놀라고, 감탄했다. 동시대 작가들이 그렇게 열심히 활동하고 있다는 사실이 흐뭇하기도 하고 눈물이 날 만큼 위로가 되기도 했다. 그것은 설치미술의 의미를 확장해 퍼포먼스를 지향하던 내 이상을 실현하는 것이기도 했다.

나는 지금까지 단 한 번도 시도하지 않았던 퍼포먼스 지방 투어를 결심했다. 부천을 시작으로 고령과 삼천포, 김제, 강화 등지를 다니며 즉흥성과 현장성, 실험성을 살린 퍼포먼스를 펼쳐 나갔다. 그때그때의 상황과 지방색을 고려하여 즉흥적으로 현장에 맞는 퍼포먼스를 펼치기도 했고, 때

DOLLS CHIC
DOLLS CHIC

로는 사전 답사를 통해 치밀하게 짜인 구성을 무대에 올렸다.

2010년 Quebec International Performance Art Festival – Canada에서의 공연은 「명성황후」를 주제로 한 퍼포먼스였다. 이전에 구상한 것보다 좀 더 임팩트 강한 도입부를 원했던 나는 동행한 아들과 의논하기 시작했다. 이 때 타악기 연주가인 아들의 예술적 재능을 보며 가슴이 벅차올랐다. 아들은 퍼포먼스 도입부를 표현하려는 작가인 내 의도를 귀담아 듣더니 이내 아이디어를 쏟아내기 시작했다. 시간이 촉박해서 대충의 아이의 설명만 듣고 오케이를 준 후 퍼포먼스를 바로 시작했는데 나는 공연 당일 날 놀라움을 금치 못했다. 그는 즉흥적으로 곧 아스러져갈 조선의 운명을 촛불로 춤을 추듯 표현하는가하면 무거운 북소리와도 같은, 혹은 흐느껴 우는 듯 한 발자국 소리와 리듬, 그리고 내가 입고 공연한 황후의 전통 커스튬 자체의 아우라를 버무려 그야말로 소름이 돋을 정도의 감동적인 작품을 완성시켜냈다. 그 누가 봐도 퍼포먼스의 전체적인 흐름을 충분히 느낄 수 있게 해주어 꽤나 열띤 반향을 일으켰다. 내 아들의 감각적인 공연에 나도 모르게 빠져버린 채, '역시 내 유전자를 물려받은 내 자식이구나.' 하는 생각이 들었다.

일례로 김제에서는 그 고장이 포도의 산지로 유명하다는 점에 착안해 포도넝쿨을 온몸에 두르고 관람객으로 하여금 열매를 따 먹게 하는 퍼포먼스로 신앙적 메시지를 주었고, 고령에서는 물을 이용하여 설치미술과 퍼포먼스의 연결점을 마련한 공연을 펼쳤다. 또한 강화도에서는 잔잔한 호수에 보이스Voice 음파를 뿌려 태초의 소리를 읊조리듯 분출해 냈다. 특히 물소리와 어우러진 강화의 보이스 퍼포먼스는 아름다운 자연과 음이 어우러진 색다른 정서로 현장에 있던 동료 작가들과 관객들의 적극적인 공감을 끌어냈다. 작가의 몸짓 하나, 울림 하나에 관객들의 맞울림이 조화를 이룬 진한 공명의 체험이었다.

며칠에 걸친 퍼포먼스를 마치고 서울로 돌아왔다. 두 발은 부르트고 온몸은 땀띠로 뒤덮였지만 작품에 모든 것을 쏟아 낸 뒤의 기분 좋은 탈진 상태로 한강의 야경을 바라보았다. 불빛이 아롱진 강은 여느 때보다 아름다웠다. 나 말고도 누군가 이 밤, 그 불빛들을 바라보며 위로를 구하고 있을 것 같았다. 그리고 그들과 공명하듯 감동과 울림을 나누고 싶다는 생각이 들었다. 거대한 도시에서 살아가는 이름 모를 이들이 오늘 내 무대를 지켜 본 이들과 같은 감흥을 경험하며 살아갈 수 있기를 진심으로 바랐다.

그러자면 좀 더 분발해야 했다. 설치미술가로 세계무대에서 인정받는 데 그칠 것이 아니라 더 넓은 의미의 설치미술, 즉 자유로운 설치미술의 표현인 퍼포먼스로 활동영역을 확장시켜 나갈 필요가 있었다. 그런 의미에서 나는 이미 유쾌한 첫발을 내디딘 셈이었다.

차츰 속에서부터 뭔지 모를 신선한 바람이 불어왔다. 앞으로 어떤 사람을 만나게 될지, 작품을 통해 어떤 영감을 나누게 될지 알 수 없지만 보다 넓은 세계에서 만날 미지의 누군가를 생각하자 다시 가슴이 두근거렸다. 언젠가 내가 띄울 메시지에 공명할 그들을 기다리며 나는 그 깊고 진한 여운을 가슴에 품어 안았다.

# 눈물 한 방울에 담긴 진정성

나는 눈물이 많다. 눈물이 너무 많아 성가실 정도다. 그래서 짬이 나 TV 앞에 앉아 있을 때에도 가급적 감정선을 자극하는 프로그램은 보지 않으려고 애를 쓴다. 슬프거나 가슴 아픈 장면이 조금만 비쳐도 어김없이 눈물이 흘러 어느새 감정의 나락으로 빠져들기 때문이다. 하지만 TV 속 광고나 프로그램을 통해 아이디어를 얻는 경우도 있기 때문에 가끔은 소리를 줄이고 화면만 보기도 한다.

그런데 이렇듯 단단히 다짐을 하고도 얼마 전, 나는 또 한 번 눈물을 흘리고 말았다. 피겨스케이터 김연아 선수가 TV 화면에 비친 모습을 보자 나도 모르게 그냥 또 눈물이 흘러내렸다. 또래의 딸을 둔 어머니로서 느끼는 아릿한 감정 탓일 수도 있다. 하지만 그보다는 부단히 이상을 향해 가는 예술가로서 느끼는 동료애 같은 감정이 더 컸다. 김연아는 그 넓은 아이스링크에 홀로 서서 수많은 이들의 시선을 한 몸에 받고 있었다. 그런 상황이 얼마나 외롭고 힘들지 충분히 짐작할 수 있었다.

김연아는 혼자 일어서는 법을 먼저 터득했을 것이다. 설사 바닥에 넘어져도 누구에게도 의지할 수 없다는 사실을 담담히 받아들이며 연습에 매진했을 것이고, 남보다 뛰어난 재능에 스포트라이트를 받았지만 그만큼 성취에 대한 압박감에 시달렸을 것이다. 경기 결과에 일희일비하는 관중에게 숱한 상처도 받았을 테고, 그 모두를 극복해 가며 자신이 이루고자 하는 목표를 향해 치열하게 싸워야 했을 것이다. 나 역시 분야만 다를 뿐 그녀와 다르지 않은 인생을 살아왔기에 그 대담한 소녀에게 깊은 공감을 느꼈다. 많은 이들이 그렇듯 각별한 마음으로 2010년 동계 올림픽을 지켜보았을 것이다. 그럼에도 부담을 이겨 내고 멋지게 금메달을 따 내는 연아 양의 모습이 너무 대견하고 기특했다.

그러나 나를 울린 건 금메달의 성취만은 아니었다. 쇼트 프로그램과 프리스케이팅 프로그램까지 마무리 짓고서야 비로소 드러냈던 김연아의 감정 표현 때문이었다. 그녀는 연기를 끝낸 뒤에도 담담한 표정과 의연한 태도를 보이는 것으로 유명했다. 감정 표현이 많지 않고 유달리 위기에 강해 '역전의 명수' 라거나 '강심장' 이라는 별명으로 불리기도 했던 선수였다. 그런 그녀가 모든 종목을 마친 뒤, 감정이 북받친 듯 눈물을 터뜨렸다. 완벽한 연기를 펼치고 뜨거운 눈물을 흘리는 그녀 앞에서 누구라도 같이 눈물을 흘릴 수밖에 없었다.

스스로도 어리둥절한 듯 눈물을 닦아 내는 김연아의 모습에 나는 사뭇 생각이 많아졌다. 정상에 오르기까지 빙판 위에서 숱한 시간을 보내며 얼마나 고단했을지, 자신의 경쟁 상대는 자기 자신뿐이라고 말하면서 얼마나 고독하고 외로웠을지 충분히 이해가 갔다.

마지막 순간 왜 눈물을 흘렸느냐는 취재진의 질문에 김연아는 이렇게 대답했다.

"저도 왜 그랬는지 모르겠어요. 기뻤고, 모든 게 끝났다는 느낌이었죠."

그건 어느 분야이든 자신을 극복하기 위해 고독한 시도를 하고 있는 사람이라면 가슴 깊이 공감할 수 있는 말이었다. 나 역시 수십 년간 작품활동을 해 오면서 그와 비슷한 눈물을 많이 흘렸다. 작가로서 데뷔하는 첫 번째 개인전을 치른 뒤, 작품 준비에 모든 에너지를 다 쏟아부었던 탓에 병원으로 실려 가기도 했고, 어떤 전시회가 끝난 뒤에는 그 자리에 주저앉아 펑펑 운 적도 있었다. 전시했던 작품이 팔려 갈 때는 대중의 인정을 받았다는 사실에 기쁘기도 했지만 한편으로는 친자식을 떼어 보낸 듯한 상실감에 눈물을 훔치기도 했다. 그 뒤로도 수차례의 개인전과 단체전에 참여하면서 숱하게 눈물을 흘렸다. 어떤 때는 전시가 끝난 뒤에 엄습하는 고독감 때문에, 또 어떤 때는 최선을 다해 목표를 이뤄 냈다는 성취감과 허탈감에 눈물을 흘렸다.

누군가는 한두 번도 아니고 어떻게 매번 눈물을 흘리느냐며 딱한 듯 쳐다보았지만 그만큼 내게는 모든 전시가 애틋하고 각별했다. 개인적으로 힘든 시기를 통과하면서 내밀한 아픔을 삭이듯 몰두했던 작품들이었기에 작품은 곧 내 삶의 일부나 다름없었다. 나를 치유하고 추진시켜 온 작품을 소홀히 한다는 것은 내 삶을 소홀히 한다는 것과 같은 의미였다. 그러니 어떤 전시든 목숨을 건 전쟁처럼 치를 수밖에 없었다.

눈물에는 카타르시스가 있다. 물에 젖은 듯 무거워진 영혼의 무게를 한 순간 덜어 낸다. 한 번쯤 질펀하게 눈물을 쏟아 냄으로써 가슴에 맺힌 것을 후련하게 풀어내는 것이다. 아리스토텔레스가 눈물의 카타르시스를 일종의 정신적 승화작용으로 해석한 것이나, 프로이트가 정신의 균형이나 안정을 회복하는 정신요법으로 카타르시스를 언급한 데에는 모두 같은 이유가 있을 것이다.

다행히 내가 지금까지 흘린 눈물들은 아쉬움보다는 최선을 다했다는 사실에 스스로를 다독이는 위로의 눈물이 더 많았다. 그러니 자신의 경쟁 상대는 자신뿐이라고 했던 김연아의 말처럼 예술가로서 자신을 극복해 내는 데 게으르지 않다면 적어도 갈 길을 잃고 표류하지는 않을 것이다. 그리고 언젠가는 마침내 눈물 한 방울에도 진정성을 담을 수 있는 사람으로 세상과 대면하게 되지 않을까.

# ■■■ 섬김도 예술처럼

학생 한 명이 연구실로 뒤늦게 과제를 가져왔다. 죄송하다며 꾸벅 인사를 하는 모습이 어쩐지 잔뜩 풀이 죽어 있었다. 나는 그대로 돌아서려던 학생을 불러 차 한 잔을 내줬다. 꾸중을 들을까 전전긍긍하는 학생에게 천천히 차를 마시라고 한 뒤, 가져온 과제를 속독했다. A4 다섯 장에 걸쳐 작성된 과제는 한눈에 보기에도 인상적이었다. 제시된 주제를 유려하게 풀어내면서도 자신의 생각을 개진할 줄 알았고, 감각적으로 글을 끌어가면서도 중언부언하는 법 없이 힘 있게 결론을 맺었다. 마감 시한을 넘기지만 않았더라면 틀림없이 A플러스를 주었을 리포트였다.

흐뭇한 얼굴로 테이블 너머의 학생을 바라보았다. 그러나 학생은 고개를 숙인 채 한사코 시선을 피했다. 자신감 없는 표정으로 이따금 머리를 긁적이는 태도에는 젊은이다운 패기도, 의욕도 비치지 않았다. 자기가 누구인지, 어떤 재능을 가지고 있는지 모르는 사람의 전형적인 모습이었다. 그건 사실 다른 학생들에게도 해당되는 사항이었다. 미술을 선택해 대학에 입학한 뒤에도 상당수의 학생들은 작가로서 뚜렷한 목표의식을 갖지 못하는 경우가 많았다.

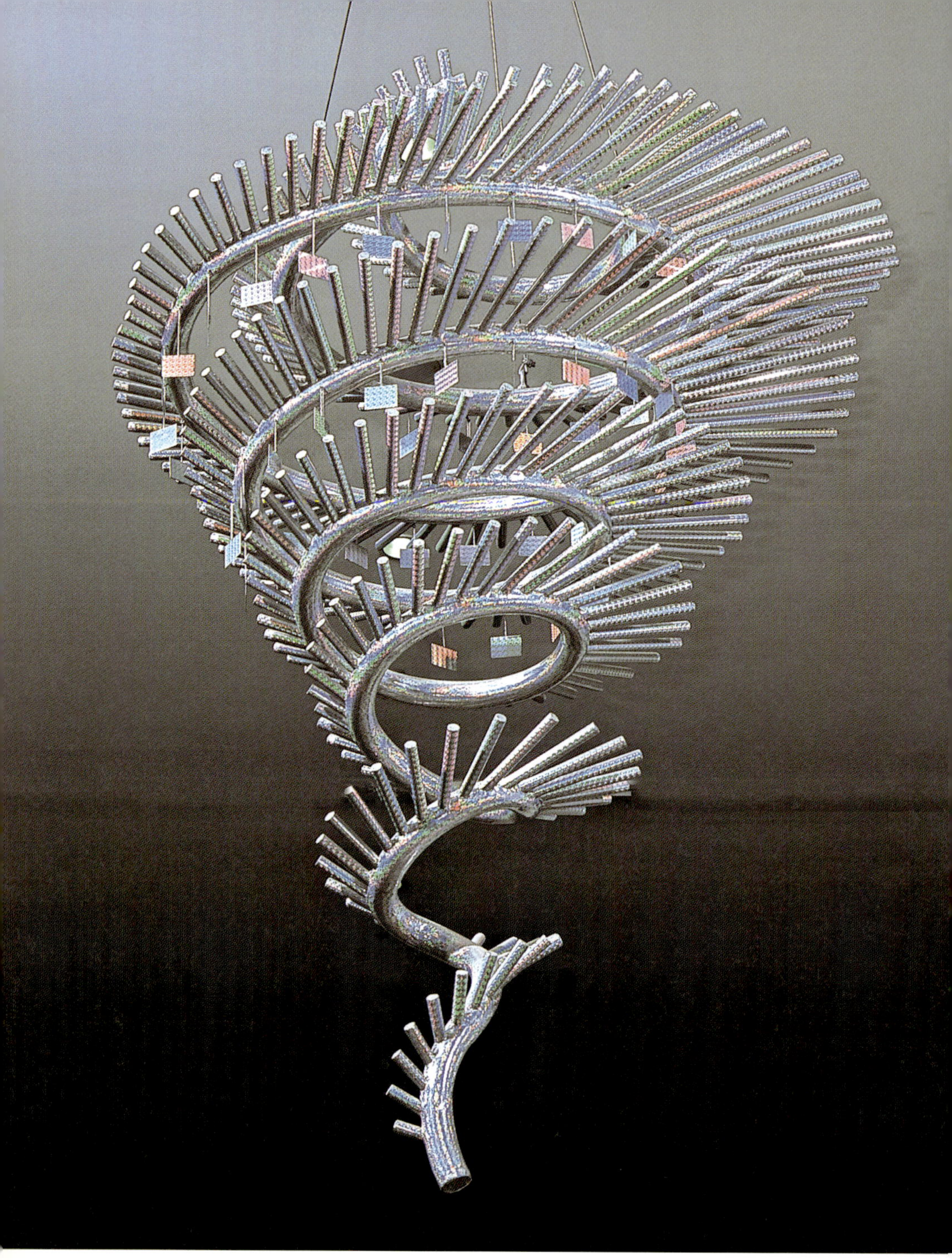

‹‹‹ 성령 / 스테인리스 스틸, 홀로그램, 조명 / 200x250x600cm / 아마렌즈 홀, 수원 / 2004

찻잔을 만지작거리던 학생이 쑥스러운 듯 입을 열었다.

"죄송합니다, 교수님. 과제가 너무 늦었지요?"

"그래, 좀 늦은 감이 있지. 그래도 포기하지 않고 가져온 걸 보니 고맙구나."

내 대답에 학생의 표정이 한결 누그러졌다. 마감시한을 넘겨 제출한 과제가 받아들여질지 못내 걱정이었던 모양이었다. 그렇다면 이제 과제가 아닌 다른 이야기를 하는 게 좋겠다는 생각이 들었다. 명색이 스승으로서 도움이 되고 싶은 마음에서였다. 특별한 재능을 가진 학생들, 성실한 태도로 수업에 임하는 학생들을 볼 때면 나는 늘 수다쟁이가 되곤 했다.

"넌 어떤 분야의 작가가 되고 싶니?"

학생이 고개를 갸웃거리다 대답했다.

"저도 잘 모르겠어요."

"그래? 그런데 왜 미술을 선택했어?"

"그냥요. 다른 것보다 미술을 더 잘해서요."

"그래도 우리 과를 선택해서 들어왔으면 목표가 있을 거 아냐. 꿈이라든가."

"그게 저도 잘…."

학생의 대답은 마치 남의 이야기를 하는 듯 막연하고 싱거웠다. 애당초 어떤 작가가 되고 싶다는 생각이 없으니 구체적인 목표나 꿈이 있을 리 만무했다. 남다른 재능을 갖고 있으나 초점을 어디에 맞추어야 할지 모르는 게 분명했다. 어쩌면 자기가 스스로에 대해 무지하다는 사실조차 의식하지 못하는 것 같았다. 안타까운 마음에 다시 입을 열었다.

"구체적인 꿈이나 계획은 없더라도 미술을 하는 사람으로서 좋아하는 작품은 있을 거 아냐."

"네, 좋아하는 작가는 있어요."

"그래, 그럼 먼저 그 작가와 작품에 대해 깊이 파고들어 봐. 그러다 보면 네가 가야 할 길이 조금씩 눈앞에 드러날 거야."

"정말…, 그럴까요?"

"그럼. 오늘 네가 가져온 이 과제만 봐도 알겠는걸. 넌 충분한 재능과 사유를 갖추고 있어. 다만 아직 방향을 잡지 못한 것뿐이지."

나는 그쯤에서 대화를 멈추고 학생을 돌려보냈다. 거기까지가 내 역할이었다. 학생들을 가르치고 지도하는 것만큼이나 믿고 기다려 주는 것도 교수로서 해야 할 일이었다. 좋아하는 작가가 있다고 하니 아마도 학생은 그 작가에서 출발해 점차 예술 세계를 넓혀 나가게 될 것이다. 그리고 그 작가를 롤모델 삼아 벤치마킹하고 연구하는 사이, 예술가로서 보다 뚜렷한 목표를 갖게 될 것이다.

그 학생이 다시 내 연구실 문을 두드린 건 그로부터 보름 정도의 시간이 지난 후였다. 꾸벅 인사를 하며 안으로 들어서는 학생의 태도에는 이전과는 다른 활기가 있었다. 의기소침한 얼굴로 눈치만 살피던 소심한 모습은 더 이상 보이지 않았다.

"교수님, 찾았어요. 교수님 말씀대로 좋아하는 작가와 그림을 연구하다 보니까 제가 어떤 작가가 되고 싶은지 알겠더라고요."

"그래? 좀 더 자세히 이야기해 볼래?"

학생은 직접 챙겨 온 자료들을 펼쳐 보이며 자신의 생각을 또박또박 설명했다. 예상대로 작품을 분석하는 눈이 보통 예리한 게 아니었다. 스스로 찾아낸 답이었기에 더 진정성 있는 힘이 실려 있었다. 내심 대견하고 기특한 마음에 학생의 설명을 주의 깊게 경청했다. 어쩌면 몇 년 후, 작가가 된 그 학생의 전시회장에서 또 한 번 그런 표정을 짓게 될지도 모르겠다고 생각하면서.

학교는 무척 흥미로운 장소다. 한 사람이 자신의 길을 찾고 그 길을 걸어가는 과정을 현장에서 직접 지켜볼 수 있다. 그래서 나는 수원대학교 미술대학 조형예술학부 교수로 재직하는 20여 년 동안 단 한 번도 강단을 선택한 것에 대해 후회한 적이 없다. 수업 외에 각종 행정적인 학교 업무와 작품활동을 병행하느라 몸은 고단했지만 제자들의 성장과 발전을 지켜보는 일은 언제나 기쁘고 설레는 경험이었다. 원석이 다듬어져 보석이 되듯 대학에 들어와 실력을 쌓고 자기 길을 선택하는 과정을 지켜보며 마치 수확을 앞둔 농부처럼 뿌듯한 소회에 젖곤 했다.

물론 그중에는 작가의 길을 포기하고 주저앉아 두고두고 마음을 아프게 하는 경우도 있었다. 그만큼 한 영혼의 성장을 지켜보기 위해서는 진심으로 학생들을 귀하게 여기는 마음과 사랑이 전제되어야 했다. 섬기는 마음이 아니고서는 그저 주입식으로 지식을 전달하고 실력을 평가하는 심사관 이상의 역할을 해낼 수 없었다.

예수와 베드로, 공자와 안연, 석가와 가섭의 이심전심, 플라톤과 그의 제자 아리스토텔레스는 모두 이러한 사제 관계 속에서 남다른 이상을 제시했다. 특히 예수는 직접 제자들의 발을 씻길 만큼 낮은 자세로 섬기는 모습을 실천했다. 나는 가끔 그 장면을 머릿속으로 그려 보곤 한다. 예수는 자신의 사후에 혼란스러워 할 제자들을 위해 마지막 사랑을 실천하기로 한다. 저녁을 들던 자리에서 일어나 겉옷을 벗고 수건을 가져다 허리에 두른다. 그러고는 대야에 물을 담아 한 사람 한 사람 제자들의 발을 씻긴다.

성경에 적힌 이 디테일한 묘사에는 섬김의 진정한 뜻이 담겨 있다. 자리에서 일어나 겉옷을 벗었다는 것은 그들과 같은 위치로 내려왔음을 의미하며, 대야에 물을 담은 행동은 자신에게 있는 것을 내어 주었음을 뜻한다. 몸소 발을 씻기는 행위 또한 적극적으로 자신을 낮추며 위로와 사랑을 베풀었음을 상징하고 있다. 섬김이란 이렇듯 자신을 내려놓으며 자신이 가진 것으로 위로와 사랑을 베푸는 데 참 의미가 있는 것이 아닐까.

나 역시 제자들과의 관계 속에서 늘 내 나름의 섬김을 실천하려고 애쓴다. 학생들을 동등한 인격체로 대하고 작가로서, 교육자로서 내가 가진 노하우를 전수하되 예술가로서 지녀야 할 가치관을 심어 주기 위해 노력한다. 중요한 것은 그 섬김을 통해 오히려 내가 위로받고 있다는 사실이다. 그만큼 섬김은 그 자체만으로도 모두에게 이익을 가져다 준다.

예술은 겉으로 드러난 아름다움만큼이나 그 안에 담긴 정신이 향기로워야 한다. 조형적인 면이나 취향에 호불호가 있을 수는 있어도 가치관만은 반듯한 정신으로 진정성을 추구해야 한다. 허울 좋은 포장으로 가짜를 진짜로 만들어 내는 기술이 아니라, 속에서부터 제대로 갖춰진 진짜로 진짜를 만들어 낸다는 마인드를 지켜야 한다는 뜻이다. 그러나 현장에서 여러 작품을 대하다 보면 간혹 석연찮은 작품을 만날 때가 있다. 아무리 감추고 미화시켜도 왜곡된 정서가 작품을 통해 고스란히 드러나 보는 이로 하여금 눈살을 찌푸리게 한다.

나는 학생들에게 손보다 마음을 먼저 수양하고 다스리는 작가가 되라는 조언을 한다. 기술적인 디테일보다 가치관과 정신을 먼저 거론해 줄 수 있는 선생으로서의 역할, 그것이 교육자로서 내가 제자들을 섬기는 방법이다. 강단에 서는 마지막 날까지 나는 이 섬김의 방식으로 내면의 아름다움을 드러내는 작품, 희망적인 메시지가 담긴 작품들을 빚어내도록 학생들을 돕고 응원할 생각이다.

## ▪▪▪ 사랑했던 순간이 예술이다

2011년 1월, 서울시립미술관에는 관객들이 줄을 서서 입장을 기다리고 있었다. 〈색채의 마술사 샤갈전〉을 보기 위해서였다. 칼바람이 부는 추위에도 관객들의 호응은 대단했다. 샤갈의 전 생애에 걸친 걸작을 한자리에서 감상할 수 있다는 매력 때문인지 한 시간 이상 입구에 서서 기다릴 만큼 인내심을 보였다. 그중에서도 관객들의 평가가 가장 좋았던 작품은 〈도시 위에서〉였다. 젊은 연인이 마을의 지붕 위를 날아가는 이 서정적인 그림에는 당시 샤갈이 얼마나 행복한 사랑을 하고 있었는지 여실히 배어 있다.

이처럼 삶의 순간순간을 다채롭고 예민하게 포착하는 예술가들에게 사랑은 언제나 가슴 설레는 뮤즈가 된다. 로댕과 까미유 끌로델, 슈만과 클라라, 바흐와 안나 막달레나…. 일일이 다 열거할 수 없을 만큼 많은 예술가들이 사랑의 힘으로 후세에 남을 명작들을 남겨 왔다. 샤갈의 그림에 자주 등장하는 러시아의 마을 또한 샤갈의 고향 비테프스크였다. 비록 고향을 떠나 살았지만 그의 마음속에는 언제나 고향의 풍경이 새겨져 있었다.

사랑은 내게도 지치지 않고 작품을 창조하는 힘이었다. 사람에 대한 사랑, 삶에 대한 사랑, 그리고 예술에 대한 사랑…. 어느덧 삶의 습관이 되어 버린 그 사랑은 기실 어머니로부터 받은 유전인자 가운데 하나였다. 내가 테크니컬 아트라 불리는 다소 차가운 계열의 장르를 다뤄 오면서도 작품 속에 따뜻한 감성을 실을 수 있었던 건 어머니의 특별한 사랑 덕분이었다.

어머니는 사랑이 많고 지적인 분이었다. 학교 가는 나를 북악 스카이웨이로 데이트 가자며 잡아끌 만큼 엉뚱한 면도 있었고, 무심코 내뱉은 떡이 먹고 싶다는 말에 고슬고슬한 떡을 쪄 놓고 종일 기다릴 정도로 헌신적으로 자녀들을 대했다. 집을 방문한 손님들에게는 아낌없이 성찬을 베풀었고, 상대에게 몸을 낮추는 겸손함이 늘 몸에 배어 있었다. 그러면서도 음악과 책을 가까이하며 가사와 양육을 핑계로 정서가 무뎌지는 것을 경계하곤 했다.

그런 어머니에게 또 다른 취미가 있었는데 바로 난 가꾸기였다. 어머니는 거실에 놓인 몇 개의 난 화분에 애지중지 사랑을 쏟았다. 틈이 날 때마다 상한 곳은 없는지, 수분이 부족하지는 않은지 관심을 기울여 난을 살폈고, 잎매가 여성적인 한란에서부터 성질이 강건한 옥화에 이르기까지 품종도, 성질도 다른 난들을 전문가 이상으로 잘 키워 냈다.

난을 잘 기르기 위해서는 온도나 습도, 통풍과 일조에 이르기까지 모든 면에서 지나침이 없어야 하는데, 어머니는 그 또한 적절하게 통제하고 조절할 줄 알았다. 그래서 어릴 적 집안에서는 늘 난향이 끊이지 않았고, 나는 그 향기를 어머니의 일부로 인식했다.

<<< 환상몽타쥬 아트 콘서트 / 강남구민회관, 서울 / 2011

내가 일련의 정원 시리즈로 작품활동을 해올 수 있었던 것도 거기에서 받은 영향이 컸다. 거실 한쪽에서 피어나던 은은한 난향과 삶이라는 공간 한편에 정원을 들여 놓은 어머니의 감성, 그 안에서 하루하루 자라나던 난의 섬세한 생명력은 내가 꿈꾸던 예술의 이상과도 맞닿아 있었다. 말하자면 내 뮤즈는 어머니로부터 받은 사랑이었고, 그것이 정원의 형태로 이미

지화된 것이다.

내게 그 많은 사랑을 쏟아붓던 어머니가 천국으로 떠나신 지도 벌써 1년이 지났다. 그럼에도 아직 어머니라는 단어를 입 밖으로 꺼내기가 두렵기만 하다. 어머니를 떠올리는 것만으로도 눈물이 고여 가급적 사람들 앞에서 이야기하기를 꺼리게 된다. 그러나 나는 알고 있다. 그 눈물의 뿌리에 어머니로부터 받은 사랑과 가르침들이 한 겹 두 겹 가로놓여 있다는 것을. 그 사랑이 나를 덥히고 여기까지 키워 왔다는 사실을.

“예술이 있는 한 살아 있는 날이 가장 좋은 날”이라는 말을 나는 참 좋아한다. 내 인생 또한 예술이 있었기에 항상 좋은 날이었다. 때로 고통의 순간도, 상처의 기억도 있었으나 사랑은 그마저도 예술의 차원으로 포용했다. 잘 볶은 알갱이가 물에 녹아 한 잔의 물을 커피로 바꾸듯, 사랑은 더 큰 힘으로 역경을 끌어안아 그 모든 순간순간을 영감 어린 예술작품으로 치환했다. 아낌없이 주고, 기다리며, 때로 감동과 영감을 불러일으키면서.

그러고 보면 예술은 내게 참으로 많은 것을 가져다주었다. 내 자신을 소중히 여길 수 있는 자긍심과 자신감을 심어 주었고, 동시에 나보다 못난 사람은 없다는 겸손한 시선도 터득하도록 해 주었다. 그러나 무엇보다 가장 중요한 것은 사랑이 곧 예술이며 사랑할 수 있는 사람만이 예술의 세계를 열어 갈 수 있다는 사실을 깨닫게 해 주었다는 점이다.

그래서 나는 살아 있는 한 계속 많은 것들을 사랑할 작정이다. 조금 부족하고 모자랄지언정 내 사랑으로 세상의 많은 것들을 끌어안고 품을 생각이다. 예술가의 영감이란 어쩌면 사랑 그 자체이며 사랑했던 모든 순간들이 예술이 된다고 믿기 때문이다. 내 삶의 순간순간을 담은 분신이자 내가 사랑한 인생의 오브제 — 그것이 바로 내 예술이다.

# ▪▪▪ 퓨처 가든Future garden을 열며

사람들은 무언가를 정의하기 위해 흔히 수식어를 동원하곤 한다. 하지만 예술가에게 이러한 고정 관념은 무의미할 뿐 아니라 변화의 가능성을 저해한다는 점에서 그리 달가운 것만은 아니다. 자연의 섭리에 따라 만물이 흐르고 유영하듯, 그에 따라 예술가도 작가관이나 표현방식에 있어 필연적인 진화의 과정을 겪는다.

1990년대의 〈전자정원〉, 2000년대의 〈환경을 위한 모뉴멘탈 가든〉과 2009년, 〈시크릿 가든〉에 이어 2012년 현재 〈매트릭스 가든〉의 시대를 열어가고 있다. 이를 단순한 변화가 아닌 진화의 한 과정으로 여기는 것은 시대정신에 부합하는 표현방식과 소재를 지속적으로 혁신하고 발전시켜 가고 있기 때문이다. 정제되고 미니멀리즘화 되었지만 비밀스러움을 간직한 피안의 세계. 그것이 내가 관람객들에게 선물하고픈 세상이다. "만지지 마시오"라는 팻말 너머에 엄숙한 얼굴로 놓여 있는 작품이 아니라 인간과 예술작품이 어우러지는 따뜻한 디지털, 휴머니즘이 살아 있는 디지로그의 세계를 꿈꾸고 있는 것이다.

이를 위해 첨단 매체와 아날로그적 감성을 조화시킨 작품들을 차례차례

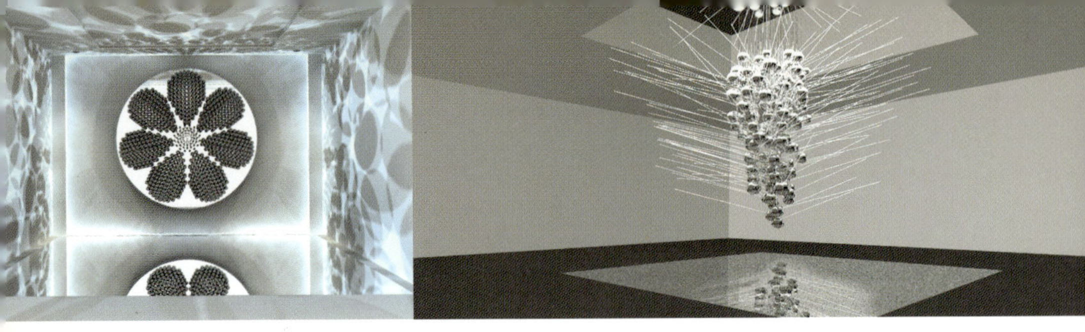

구상, 발표하고 있다. 21세기 바이오테크놀로지 시대를 압축한 소재들을 눈여겨보며 신·구의 조화, 옛것과 새것의 하모니를 추구해 나가는 디지로그 세상, 그러한 예술 세계를 펼쳐가고 싶은 까닭이다. 그동안 시대를 앞서가는 작가로 평가되면서 첨단, 디지털, 키네틱kinetic art, 설치 등의 수많은 단어로 수식되어 왔으나 실험적이고 선구자적인 시도의 끝에서 인간의 존재 자체로 눈을 돌리게 된 것은 어쩌면 자연스러운 선택인지도 모른다.

내 작품세계는 예전과는 다른 비밀스러움과 내밀함을 지향한다. 작품을 설치한 사람과 그 작품을 보는 수많은 사람과의 일대일 커뮤니케이션이 시공간을 초월해 나타날 수 있도록 표현에 보다 무게를 두려는 것이다. 구를 활용한 작품인 〈Shape of Sound〉를 통해 그러한 의도를 어느 정도 표현해 내기는 했지만 아직 기대치에 도달하지 못한 부분도 있다.

더불어 다양한 소통의 채널을 모색하는 데에도 좀 더 노력을 경주할 생각이다. 대부분 사각 형태를 이루었던 구조물을 원통이나 다면체로 바꾸

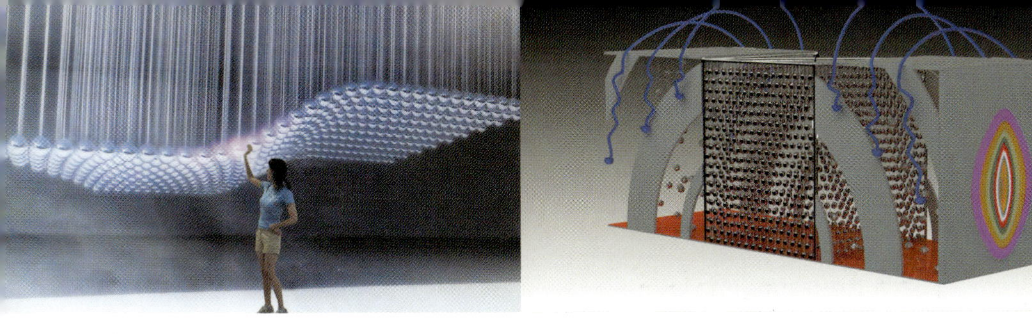

어 변화를 주고, 키네틱 아트를 활용하여 작품에 보다 동적인 요소를 도입하고 있다. 또한 시크릿이라는 말처럼 베일에 감춰져 있던 내 비밀의 정원에 더 많은 이들을 초대할 수 있도록 적극적으로 소통해 나갈 작정이다. 그것은 작품을 구성하는 매체에 대한 대중적 접근이 될 수도 있을 테고, 퍼포머로서 대중에게 친근하게 다가가는 방식이 될 수도 있을 것이다. 무엇을 선택하든 문을 닫지 않고 최대한 가능성을 열어 둘 생각이다.

작품에 사용될 매체에 대한 고민도 계속될 것이다. 2010년 여름, 상하이 엑스포를 돌아보면서 느꼈던 감동과 충격은 내가 이후의 방향 설정을 하는 데 큰 도움이 되었다. 또한 2012년, 한국을 대표하는 국내 유망 작가의 글로벌 프로모션 실행사업인 Korean Artist Project(KAP)의 작가로 선정된 만큼 국제적인 예술가로 성장하기 위한 노력은 계속될 것이다. 앞으로도 가능한 한 많은 국제무대를 돌아보며 글로벌한 영감을 얻을 수 있도록 부지런히 움직일 것이다. 세계 곳곳에서 벌어지고 있는 상상력의 향

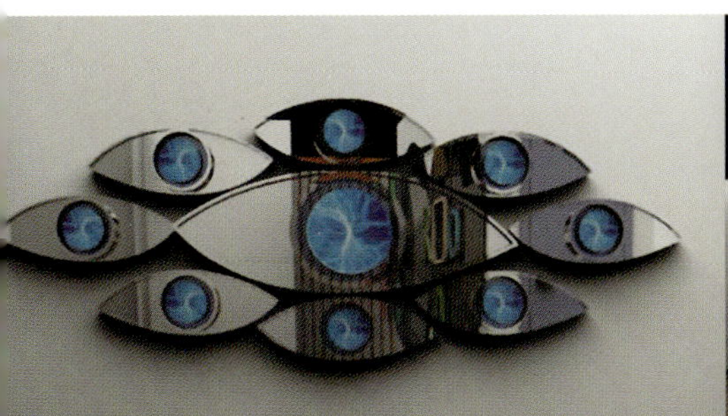

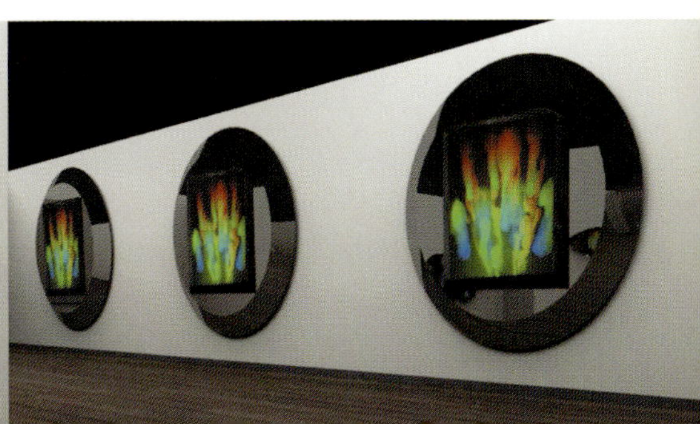

연을 둘러보고, 매체를 개척해 가는 작가들의 발상에 자극받는 일이야말로 작가로서나 예술 향유자로서 즐겁고 가슴 설레는 경험이기 때문이다. 그러한 부지런함이 나를 채워 또 다른 새로움을 찾아 떠나게 하는 동력이 될 것이라고 믿는다.

사실 권태로운 눈으로 삶을 바라보면 그날이 그날 같다는 생각에 싱거운 하루를 흘려보낼 수밖에 없다. 그러나 작은 움직임이나 미세한 떨림에 온 신경을 집중하고 귀 기울인다면 보다 생동감 넘치는 활기찬 시간을 살 수 있다. 그와 마찬가지로 예술도 어떤 태도로 삶과 대상을 바라보느냐에 따라 한 차원 높은 변화와 진화를 향해 갈 수 있을 것이다. 물질문명에는 진화가 있어도 인간의 DNA에 진화라는 것은 존재하지 않는다지만 어쩌면 이전에는 미처 깨닫지 못했던 또 다른 DNA를 발현하게 될지 누가 알겠는가.

어떤 이들은 예술가를 일컬어 무에서 유를 만들어 내는 창조자라고 말한다. 그러나 나는 그보다는 '해 아래 새로운 것이 없다' 는 말을 더 믿는 편이다. 예술가란 없던 것을 창조한다기보다 있었던 것을 새롭게 해석하고 숨겨진 것을 독특하게 표현해 내는 창조적 발견에 가깝다고 생각하기 때문이다. 어린 시절 조계사 마당에서 놀다가 오방색의 색감을 발견한 것처럼, 그리고 단청의 우아한 곡선과 디자인을 보며 한국의 전통적인 미적 감각을 축적한 것처럼 예술은 도처에 놓여 있는 영감을 발견하고 이를 하나의 작품으로 형상화해 내는 치열한 노력에 성공 여부가 달려 있다. 누구나 라스베이거스의 화려한 거리에서 네온을 접하지만 이를 모두 첨단 매체로 작품에 적용할 생각을 하는 것은 아니다. 여인들의 목에 걸린 보석에서 상처와 고통을 치유하는 힘을 끌어내는 것 또한 예술가가 자신의 탐침으로 세상을 얼마나 부지런하게 탐색하느냐에 달려 있다.

예술은 작가가 어떠한 진정성으로 순간순간을 밀고 나아가느냐에 따라 다양한 차원의 형상을 드러낸다. 그 발견과 선택 앞에서 내일은 또 어떤 선택을 하게 될지 나도 몹시 궁금하다. 한 가지 분명한 것은 지금껏 그래온 것처럼 내일의 나는 아마도 새로운 무언가를 또다시 찾아 나서고 있을 것이라는 사실이다. 갓 데뷔하는 작가처럼 초심으로 돌아가 스스로를 내려놓는다면 나는 내가 추구하는 비밀의 정원에서 더 많은 관람객들과 유쾌하게 만날 수 있을 것이라고 낙관한다. 정제되고 미니멀리즘화 되었지만 비밀스러움을 간직한 피안의 세계. 자유로운 영혼이 춤추는 그 정원의 풍경에 누군가 공명하리라고 기대하며 나는 지금 이 순간, 오늘을 충실하게 살아간다. 이 순간에 대한 사랑이 내일의 희망을 열게 할 거라는 사실을 굳게 믿으며.

'약할 때 강함 되시네~ 나의 보배가 되신 주. 주 나의 모든 것~'

나는 이 찬송을 할 때마다 눈시울이 붉어진다.

내가 고통 중에 몸부림 칠 때에도

그리움에 사무쳐 가슴을 칠 때에도

그 분은 나의 모든 것이 되어주시어

내 약함을 은혜와 위로의 요새로 견고하게 해 주셨다.

그 때마다 약해지는 내가 돌아갈 곳은

오직 주님 뿐이라는 것을 절절히 느끼곤 한다.

에필로그

# 새로운 가든을 설치하며

삶이라는 공간에 새 정원을 설치한다.
이 정원에는 이전과는 다른 소통의 도구가 등장한다.
논리적이고 조밀한 구조,
치밀하게 구성되고 촘촘하게 짜인 듯 보이지만
그것을 펼치는 순간, 형태는 사라지고 여운만 남는다.
어떤 면에서는 조금 더 솔직하고 직접적인 소통의 수단, 언어.
그 언어를 통해 삶과 예술을 이야기해 나간다.

이 정원에는 우리네 삶을 더욱 돋보이게 하는 6감이 존재한다.
이 여섯 가지 삶의 감각은 촘촘히 연결되어 있으면서도
다양한 방식으로 조합될 수 있도록
의도적인 미완성의 영역을 남겨 두고 있다.
사람들은 이 미완성의 정원에서
각기 다른 소통의 도구를 손에 쥐고

완성되지 못한 부분을 채워 나갈 것이다.
자신만의 의미와 내밀한 비밀스러움으로.

삶은 소통이고,
소통은 예술이다.
예술은 불확실한 순간의 연속이자 지극한 순수함의 세계다.
그 세계를 향한 소통을 위해 언어의 퍼포먼스가 시작되었다.
이제 이 무대 위에서 나는
심영철 가든을 찾은 당신과 함께 춤을 추려 한다.
나의 동선은 정해졌으되 당신의 동선은 자유로우니
흘러가는 대로, 잡아끄는 대로 몸을 맡겨도 좋다.

모든 창조에는 고통과 희열이 따를 테지만
그것은 양날의 칼처럼 짜릿한 자극이 되기도 할 것이다.
그 자극 속에서 당신과 나는
새로운 정원을 만들어 낼 것이다.
이곳은 전자정원도, 모뉴멘탈 가든도 아닌 뉴-가든.
나와 당신이 함께 만들어 가는 이 무한한 시공 속에
내 존재를 던진다.
그러니 춤추어라 마음껏, 당신은 생명이요 빛이니….

## 심영철 沈英喆

1980 성신여대 조소과 및 동대학원 졸업
1983 성신여대 대학원 조소과 졸업
1988 Otis-Parsons, U.C.L.A.
1988 G.S.U. Ph.D. (Esthetics of Installation Art)

현재 수원대학교 조형예술학부 교수 (학과장)
수원대학교 홍보위원
KIPAF 조직위원장
경향신문사 자문위원
바르게살기 경기도협의회 부회장
미술대학 교수채용 평가위원 (4회) 역임
미술대학 입시관련 심사위원장
한국미술협회 미디어분과위원장
서울미술협회이사
서울시, 수원시, 안산시, 용인시, 예술장식품 심의위원
전국미술대학 입시관련 심사위원
설치미술 도서소개
전국규모 공모전 (20여회) 심사위원

### 수 상

2011 크라운해태 공로상
최우수 예술인상 (한국현대미술)
2008 국제미술대전 은상
올해의 작가상 (경향신문사-경향갤러리)
2006 석주미술상
한국미술문화상 (한국문화예술센터)
2005 한국미술문화대상 (에이스아트컴퍼니)
2004 자랑스런 성신인상
MANIF 국제아트페어 10회 특별상
2003 수원시 월드컵 조형물 당선
2001 제10회 한국미술 작가상

1999 성신미술상

1994 토탈미술관상

1990 최우수 예술가상 (한국예술평론가협회 선정 미술부문)

1983 중앙미술대전 특선

대한민국 미술대전

동아미술 대상전

## 개인전

2012 〈서울국제조각페스타〉, 예술의 전당 미술관, 서울

2011 〈한국 · 태국 문화교류 설치미술퍼포먼스 초대전〉, 방콕시립미술관, 방콕

〈심영철의 환상몽타쥬 설치미술 퍼포먼스〉, 강남구민회관, 서울

〈독일 카스트전〉, 카스트 시립미술관, 독일

〈인도 초대개인전〉, 부다가야 알리리베트 센터, 델리, 인도

〈일본 초대개인전〉, 도쿄 시립미술관, 도쿄, 일본

2010 〈MANIF 국제아트페어〉, 예술의 전당 한가람 미술관, 서울

2009 〈제18회 석주미술상기념전〉, 선 아트센터, 서울

〈MANIF 국제아트페어〉, 예술의 전당 미술관, 서울

〈제5회 경기도 세계 도자 비엔날레(국제도자퍼포먼스)〉, 이천

2008 〈올해의 작가상 수상 기념전〉, 경향갤러리, 서울

〈MANIF 국제아트페어〉, 예술의 전당 미술관, 서울

〈건국 60주년기념 문화비젼 골든아이 아트페어〉, 코엑스, 서울

2007 〈MANIF 국제아트페어〉, 예술의 전당 미술관, 서울

〈한국 실험예술제 퍼포먼스 40인〉, 서울

2006 〈MANIF 국제아트페어〉, 예술의 전당 미술관, 서울

〈현대미술의 단면전〉, 의정부 예술의 전당, 의정부

2005 〈MANIF 국제아트페어 특별상 수상기념전〉, 예술의 전당 미술관, 서울

〈시각의 해체〉, 경남도립미술관, 창원

2004 〈MANIF 국제아트페어〉, 예술의 전당 미술관, 서울

〈韓國現代美術의 現狀과 展望〉, 수원대학교 고운미술관, 수원

〈KIAF 특별전 Digital Art Limited〉, 코엑스, 서울

2003 〈심영철 설치전〉, KAIST 테크노경영대학원, 서울

〈Best Star, Best Artist〉, 인사아트센터, 서울

〈과학+예술 10년 후 특별전〉, 인사아트센터, 서울

〈Monumental Garden for the Future Environment〉

제19회 사라예보 국제페스티벌, Art Gallery of Bosnia & Herzeovina, 사라예보

2002 〈환경을 위한 모뉴멘탈가든〉, 인사아트센터, 서울

2001 〈KACF E.G. 환상공간〉, 예술의 전당 미술관, 서울
〈디지털아트 네트워크〉, 테크노마트, 서울
〈달리는디지털영상미술관〉, 지하철 6호선 프로젝트, 서울
2000 〈순례자 2000〉, 서울국제행위예술제, 인사동, 서울
〈전자정원〉, 화랑미술제, 예술의 전당 미술관, 서울
1999 〈MANIF 국제아트페어〉, 예술의 전당 미술관, 서울
1998 〈MANIF 국제아트페어〉, 예술의 전당 미술관, 서울
〈제4회 죽산 국제 아트 페스티벌〉, 웃는돌 캠프, 경기
〈제4회 죽산국제미술제〉, 경기
1997 〈한국의 Hologram-빛의 미래〉, 서울시립미술관, 서울
〈섭리-환란은 인내를, 인내는 연단을, 연단은 소망을 이루려 함이라〉, 워커힐 미술관, 서울
1996 〈MAC 2000〉, Espace Eiffel Branly, 파리, 프랑스
〈섭리-사랑은 죽음처럼 강하고…〉, 퍼포먼스 〈풀어놓아 다니게 하라〉, 갤러리 아트빔, 서울
1995 〈MANIF 국제아트페어〉, 예술의 전당 미술관, 서울
1994 〈섭리-전자정원〉, 현대백화점 갤러리, 서울
1993 〈섭리-갈망, 역경, 체념, 생의 의미 그리고 조화〉, 선화랑, 서울
1992 〈삶과 죽음을 주관하시니...〉, Theodore현대미술관, 토론토, 캐나다
1990 〈인간, 우리는 어디서 와서 어디에 있다가 어디로 가는가?〉, 인공갤러리, 서울
1989 〈Jesus Loves You〉, 갤러리 동숭아트센터, 서울
1983 〈빛의 단계적 표상〉, 문예진흥원 미술회관(현 아르코미술관), 서울

### 단체전

2012 〈4th Good Morning 새 아침전 〉, 갤러리 라메르, 서울
〈서초미술협회전〉, 한전아트갤러리, 서울
〈화랑미술제〉, 코엑스, 서울
2011 〈대한민국미술축전〉, SETEC, 서울
〈서초미술협회전〉, 한전아트갤러리, 서울
〈한국여류조각가회 기획전〉, 화봉갤러리, 서울
〈3rd Good Morning 새 아침전〉, 갤러리 라메르, 서울
〈서리플조각회〉, Gallery k, 서울
〈미술세계와 함께 하는 MB展〉, 공아트스페이스, 서울
〈성신여자대학교 개교45주년 기념전〉, 인사아트센터, 서울
2010 〈석주미술상기념전〉, 가나아트센터, 서울
〈새만금 깃발축제〉, 부안
〈한국미술협회 한라비발디〉, 일산 한라 비발디 모델하우스, 일산
〈PAGUS 21.5전〉, 부띠크 모나코 미술관, 서울

〈2nd Good morning 새 아침전〉, 갤러리 라메르, 서울
〈미술대학교수작품 10개국 교류전〉, 단원미술관, 안산
〈한국여류조각회전〉, 시립미술관 경희궁 본관, 서울

**2009** 〈부산대 아트센터 개관기념전-현대미술의 응시〉, 부산대 아트센터, 부산
〈수원대학교 미술대학 교수작품전〉, 고운미술관, 수원
〈갤러리고운 기념초대전〉, 갤러리고운, 마산
〈한국미술국제대전〉, 크라운-해태 쿠오리아 미술관, 서울
〈2009 PEACE DREAM ARTS FESTIVAL〉, 세비야, 스페인
〈한국여류조각회〉, 이앙갤러리, 서울
〈한 · 중수교17주년기념 특별기획 초대 C.KOAS전〉, 상상미술관, 북경, 중국
〈현대미술 정상 22인의 유나이티드 갤러리 개관기념선〉, 유나이티드 갤러리, 서울

**2008** 〈제42회 한국미술협회전〉, 예술의 전당 미술관, 서울
〈북경국제미술대전〉, 서안양보루 미술관, 북경, 중국
〈제4회 안산국제아트페어〉, 단원미술관, 안산
〈무자년 2008년, "80만원전"〉, 경향갤러리, 서울
〈꿈과 사랑이 담긴 만남전〉, BON Gallery(본화랑), 서울
〈제35회 성신조각회전〉, 모란갤러리, 서울
〈KIAF 2008〉, 코엑스, 서울
〈국제 한국현대미술문화 엑스포〉, 그린빌 컨벤션센터, 미국
〈제4회 서울미술협회전〉, 영등포 문화원 전시실, 서울
〈숭례문 복구기금 마련 조각작품전〉, 밀레니엄 힐튼호텔, 서울
〈여수국제아트페스티벌〉, 진남문예회관, 여수
〈광주시립미술관 상록전시관 개관기념전(꼴라주 COLLAGE)〉, 상록전시관, 광주

**2007** 〈포천 아시아 비엔날레〉, 포천
〈아르바자르 개관기념 초대전〉, 아르바자르, 부산
〈복음의편지 기독미술 초대전〉, 밀알미술관, 서울
〈인천종합문화예술회관 재개관 기념전〉, 인천문화예술회관, 인천
〈한·중 수교 15주년 국제교류전〉, 해태본사, 서울/북경상상시대미술관, 북경, 중국
〈제3회 서울미협 회원전, 시립미술관 경희궁분관, 서울
〈KIAF 국제아트페어〉, 코엑스, 서울
〈국민일보 현대미술초대전〉, 세종문화회관, 서울
〈KIAF 남송국제아트페어〉, 성남아트센터, 성남
〈경향신문 70만원전〉, 경향일보갤러리, 서울

**2006** 〈MANIF 국제아트페어〉, 예술의 전당 미술관, 서울
〈화랑미술제〉, 예술의 전당 미술관, 서울
〈바다미술제 Living Furniture전〉, 부산비엔날레, 부산

〈미디어아트 안산 2006〉, 단원미술관, 안산
〈현대매체미술 'Light' 전〉, 성남아트센터, 성남
〈상하이 아트페어 2006〉, 상하이, 중국
〈심양 세계 빛 엑스포 2006〉, 심양 치판산 국립미술관, 심양, 중국
〈시카고 아트페어〉, 시카고, 미국
〈제2회 서울 메트로 미술관 기획초대전〉, 서울 메트로 미술관, 서울
〈인천국제여성미술비엔날레〉, 인천
〈제33회 성신조각회전〉, 모란갤러리, 서울
〈소아환자를 위한 현대미술전〉, 세브란스병원 본관, 서울
**2005** 〈포천 아시아 미술제〉, 반월 아트홀, 포천
〈안산 아트메모리 2005〉, 단원미술관, 안산
〈세계 빛 엑스포 2005, 빛-환경〉, 고양
김해 문화의 전당 개관 기념전 〈Playing Light〉, 윤슬미술관, 김해
〈상하이 아트페어 2005〉, 상하이, 중국
〈시드니 아트페어 2005〉, 시드니, 호주
광복 60주년 기념전 〈한국미술의 오늘과 미래〉, 목암미술관, 고양
〈21개의 수수께끼〉, 단원미술관, 안산
〈자연의 기록〉, 서울시립미술관 남서울 분관, 서울
〈여성의 해 기념 수원대 미술대학 교수초대전〉, 수아 아트스페이스, 수원
〈Korea Art Festival〉, 세종문화회관, 서울
〈100인 조각가의 작은 기념비전〉, 선화랑, 서울
**2004** 〈칼라엑스포 2004-홀로그램〉, 코엑스, 서울
〈Eco Metro〉, 광주비엔날레, 광주
〈한여름 밤의 꿈〉, 가일미술관, 양평
〈경기향토작가 초대전〉, 성남 문화의 집, 성남
ICOM 서울총회기념 〈생명의 힘〉, 한택식물원, 용인
**2003** 〈경주 엑스포〉, 경주
세종문화회관 미술관 개관 기념전 〈Adam and Eve-누드 미학〉, 세종문화회관, 서울
〈생명의 숲 페스티벌 2003〉, 공평아트센터, 서울
〈환경미술: 물의 해 기념전〉, 한국소리문화의 전당, 전주
〈환경미술: 물〉, 서울시립미술관, 서울
〈역사를 넘어: 삼일 만세의 날 종로 거리축제〉, 퍼포먼스 〈독립선언서-명성황후〉, 서울
〈한민족 색과 빛〉, 이와테 현립미술관, 이와테, 일본
〈한민족 색과 빛〉, 오사카 근대미술관, 오사카, 일본
〈한민족 색과 빛〉, 아이치 현립미술관, 나고야, 일본
〈그리스도 & 심볼〉, 빛 갤러리, 서울

〈KIAF〉, 코엑스, 서울
〈100인의 소품전〉, 빛 갤러리, 서울
〈프로그램 속에 빠진 의식〉, 오사카 한국문화원, 오사카, 일본

**2002** 〈2002 한국현대조각 특별전: 조각이란 무엇인가〉, 예술의 전당 미술관, 서울
서울시립미술관 개관 기념전 〈한민족의 빛과 색〉, 서울시립미술관, 서울
〈한·일작가 초대전〉, 목암미술관, 고양

**2001** 〈사랑〉, 문예진흥원 미술회관, 서울
〈200인 작가 초대전〉, 선화랑, 서울
〈분당미술제〉, 삼성플라자 갤러리, 분당
〈성신조각회전〉, 서울시립미술관, 서울

**2000** 〈5인의 설치미술 초대전〉, Wing 갤러리, 서울
〈새 즈믄 해의 꿈〉, 새천년 준비위원회, LG아트홀, 서울
〈깊은 샘〉, 예술의 전당 국악원, 서울
제6회 평택 국제아트 페스티벌 〈새로운 빛, 동으로부터: New Shining Flash from the East mind〉, 평택문예회관, 평택
Wing 갤러리 개관기념 〈200인 조각 초대전〉, Wing 갤러리, 서울
제1회 어린이 미술제 〈토끼와 잠수함〉, 서울시립미술관, 서울
〈현대미술 초대전〉, 서울갤러리, 서울
〈분당미술제〉, 삼성플라자 갤러리, 분당
〈성신여대 개교 30주년 기념전〉, 예술의 전당 미술관, 서울

**1999** 〈빛나는 여류 12인의 초대전〉, 갤러리 리이키, 서울
〈Grosse Kunst Ausstellung Dusseldorf〉, 뒤셀도르프, 독일
〈실직자 및 결석아동 돕기 자선미술전〉, 서울갤러리, 서울
〈가상미술 도시 초대전〉, 21세기 미술환경 연구소, 삼성갤러리, 서울
〈분당미술제〉, 삼성플라자 갤러리, 분당
〈한서갤러리 개관기념 초대전〉, 한서갤러리, 서울
갤러리 빙 개관 개념 초대전 〈국제아트페스티벌〉, 서울
〈'99 환경미술제-광화문 프로젝트〉, 서울
〈경기문예회관 개관기념 초대전〉, 경기문예회관, 수원
〈성신미술상전〉, 성신여대 수정미술관, 서울

**1998** 〈화랑미술제〉, 예술의 전당 미술관, 서울
〈공연 속의 조각전〉, 국립중앙극장, 서울
〈한국 현대미술 작품 초대전〉, 서울신문 갤러리, 서울
선화랑 개관 21주년 기념 〈200인 조각가 소형작품전〉, 선화랑, 서울

**1997** 〈Arco 97 아트 페어〉, Galerie Claude Dorval, 마드리드, 스페인
〈화랑미술제〉, 예술의 전당 미술관, 서울

〈성신조각회전〉, 서울
〈97 FIAC EDITION〉, 파리, 프랑스
〈Art Junction〉, Foire Festival D' art Contemporain, 니스, 프랑스
〈SAGA 97〉, Escape Eiffel Branly, 파리, 프랑스
〈나혜석 미술대전〉, 문화예술회관, 수원
**1996** 〈MANIF 국제아트페어〉, 예술의 전당 미술관, 서울
〈대한민국 종교인 미술전〉, 예술의 전당 미술관, 서울
〈한국 여성 미술제〉, 서울시립미술관, 서울
〈성신여대30주년 기념 미술제〉, 서울시립미술관, 서울
**1995** 〈토탈미술상 수상작가전〉, 토탈미술관, 장흥
〈한국 현대미술의 한 스냅〉, 서울시립미술관, 서울
〈여성미술제〉, 서울시립미술관, 서울
**1994** 〈신화-그 영원한 꿈〉, 헬레나 갤러리, 서울
인사갤러리 개관 기념 〈한국 현대미술의 흐름〉, 인사갤러리, 서울
〈토탈미술대상전〉, 토탈미술관, 장흥
**1993** 〈THEO & PETE COLLECTION〉, 토론토, 서울, 샌프란시스코 순회전
〈미술 속의 책, 책 속의 미술〉, 갤러리 아트빔, 서울
〈신세대 흐름전-도시, 그 삶의 표정〉, 문예진흥원 미술회관, 서울
〈테크노 아트〉, 대전 엑스포, 엑스포 문예전시관, 대전
〈환경조각전〉, 예술의 전당 미술관, 서울
〈한국 지성인의 표상〉, 조선일보 미술관, 서울
〈오늘과 내일 그 위상의 단면〉, 관훈 갤러리, 서울
**1992** 〈과학+예술〉, 코엑스, 서울
〈I.A.A. 국제전〉, 예술의 전당 미술관, 서울
〈테크놀로지 미술 그 2000년대를 향한 모색〉, 갤러리 그레이스, 서울
**1991** 〈에콜 드 서울〉, 관훈 갤러리, 서울
〈서울 현대 미술제〉, 문예진흥원 미술회관, 서울
〈한국 현대 미술 초대전〉, 선재미술관, 경주
〈미술과 테크놀로지〉, 예술의 전당 미술관, 서울
**1990** 〈예술의 전당 개관 기념전〉, 예술의 전당 미술관, 서울
〈젊은 시각, 내일의 제안〉, 예술의 전당 미술관, 서울
**1989** 〈여류조각회전〉, 서울
〈기독교 미술인 협회전〉, 서울
**1987** 〈Light, Light, Light〉, Neon Museum, 로스앤젤리스, 미국
**1986** 〈Ceramic Show〉, OTIS Parson' s gallery, 로스앤젤리스, 미국
**1983** 〈성신조각회전〉, 미술회관, 서울

〈한국미술청년작가회전〉, 청년미술관, 서울
〈난우회전〉, 출판문화회관, 서울
〈앙데팡당전〉, 국립현대미술관, 서울
〈현대작가 15인 초대전〉, 서울

## 퍼포먼스

**2011** 심영철의 환상몽타쥬 설치미술 퍼포먼스, 강남구민회관, 서울
트렌스뮤티스 퍼포먼스 아트 페스티발, 멕시코
사랑(움직이는 설치 퍼포먼스), 일본 동경
축복(Blessing), 태국
**2010** 퀘벡 국제 퍼포먼스 아트 페스티발, 캐나다
에덴가든 (보이스퍼포먼스), 부천
바다와 함께 한(보이스퍼포먼스), 삼천포
연모(戀慕), 고령
포도로부터, 김천/수원
원형 촛불(보이스 퍼포먼스), 서울
호숫가에서(보이스퍼포먼스), 강화도
우주로부터(Shape of Sound), 2010 MANIF 국제아트페어 / 부산비엔날레 연모(戀慕), 충주
명성황후(역사를 넘어서), 캐나다
**2009** 제5회 경기도 세계 도자 비엔날레(국제도자퍼포먼스)
**2007** 한국 실험예술제 퍼포먼스 40인, 서울
**2003** 명성황후(역사를 넘어서), 서울/오사카
**2000** 오는 천년, 서울
순례자 2000, 서울국제행위예술제, 인사동, 서울
**1998** 에덴가든, 제4회 죽산 국제 아트 페스티발
**1996** 풀어 놓아 다니게 하라, 서울
**1992** 삶과 죽음을 주관하시니, 토론토, 캐나다
**1990** 인간, 우리는 어디서 와서 어디에 있다가 어디로 가는가(영상·설치),

## 작품소장처

호암 미술관·토탈 미술관·국립현대 미술관·워커힐 미술관·신천지 미술관·고운 미술관·예술의 전당·문예진흥원 야외조각공원·김해연지조각공원·수원숙지공원 월드컵동산·미라지 타워·아셈 타워·63빌딩·코엑스 인터콘티넨탈 호텔·경인여자전문대학·삼청각·뉴욕제과·대한방직·충남방직·(주)쌍용 외 다수

## Shim, Young Chul

**1980** Sungshin Women's University (Sculpture) B.F.A.
**1983** Sungshin Women's University (Sculpture) M.F.A.
**1988** Otis–Parsons, U.C.L.A., L.A. Post Graduate Studies
**1988** Golden State Univ. Ph D. (Esthetics of Installation Art)

### Present

Professor and Dean, Department of Formative Art, College of Fine Arts, Suwon University
CEO, Art it Institute
Head of Organizing Committee, KIPAF
Art–Consulting Advisor, KOREA Golf & Art Village
Judge, Republic of Korea Grand Art Competition, etc
Deliberating Judge, Suwon City Art Decoration
Deliberating Judge, Yongin City Art Decoration
Deliberating Judge, Ansan City Art Decoration
Deliberating Judge, Korean Film Council
Deliberating Judge, Symbolic Formative Arts
Director, Video Department of Korean Fine Arts Association

### Awards

**2011** Crown Haitai Service Award
The Best Artist (Korea Modern Art) Award
**2008** International Art Fair Silver Award
Artist of the Year Award (KyungHyang Gallery)
**2006** Seokjoo Grand Art Prize
Cultural Prize of Korean Fine Arts by the Korea Culture Art Center
**2005** Korean Cultural Art Grand Award (Ace Art Company)
**2004** Proud Sungshin's Alumni
MANIF 10th Special Award
**2003** Selected for Suwon World Cup Public Art
**2001** 10th Korean Artist Award
**1999** Sungshin Art Award

**1994** Total Art Museum Grand Prix

**1990** Best Artist Award (Korean Association of Art Critics Choice)

**1983** Joong-Ang Art Grand Award

Special Award (Korean National Art Exhibition)

Dong-A Art Grand Award

## Solo Exhibitions

**2012** 〈Seoul International Sculpture Festa〉, Seoul Arts Center, Seoul

**2011** 〈Korea&Thailand Culture Exchange〉, Bangkok

〈Fantasy Montage Performance〉, Kangnam Citizens Center, Seoul

〈KAARST〉, Kaarst Museum of Art, Germany

〈India-Invitational Exhibition〉, Delhi Arts Center, India

〈Japan-Invitational Exhibition〉, Tokyo Museum of Art, Japan

**2010** 〈MANIF International Art Fair〉, Seoul Arts Center, Seoul

**2009** 〈Exhibition in Commemoration of Winning Seokjoo Grand Art Prize〉, Sun Art Center, Seoul

〈MANIF International Art Fair〉, Seoul Arts Center, Seoul

〈5th Kyungki World's Ceramic Biennale (International Ceramic)〉, Icheon

**2008** 〈Exhibition in Commemoration of Winning Artist of the Year〉, KyungHyang Gallery, Seoul

〈MANIF International Art Fair〉, Seoul Arts Center, Seoul

〈Cultural Vision Art Fair in Commemoration of 60th year of Korea〉, COEX, Seoul

**2007** 〈MANIF International Art Fair〉, Seoul Arts Center, Seoul

〈Korea Experimental Arts Festival Performance〉, Seoul

**2006** 〈MANIF International Art Fair〉, Seoul Arts Center, Seoul

〈Modern Art Fair〉, Uijeongbu Arts Center, Seoul

**2005** 〈MANIF International Art Fair〉, Seoul Arts Center, Seoul

〈Visual Deconstruction〉, Gyeongnam Art Museum, Changwon

**2004** 〈MANIF International Art Fair〉, Seoul Arts Center, Seoul

〈Art Fair〉, Koeun Gallery, Suwon

〈KIAF (Digital Art Limited)〉, COEX, Seoul

**2003** 〈KAIST (Shim, Young-chul installation; Neon, Hologram)〉, Seoul

〈Best Star, Best Artist〉, Insa Art Center, Seoul

〈Science+Art After 10 Years〉, Insa Art Center, Seoul

〈Monumental Garden for the Future Environment〉, 19th Sarajevo International Festival, Art Gallery of Bosnia & Herzeovina, Sarajevo

**2002** 〈Monumental Garden for the Future Environment〉, Insa Art Center, Seoul
**2001** 〈KACF E.G. Fantasy Space〉, Seoul Arts Center, Seoul
〈Digital Art Network〉, TechnoMart, Seoul
〈Running Digital-Image Art Museum〉, Subway line no. 6 Project, Seoul
**2000** 〈Pilgrim 2000〉, Seoul International Performance Art Festival, Insadong, Seoul
〈Electronic Garden〉, Hwarang Art Festival, Seoul Arts Center, Seoul
**1999** 〈MANIF International Art Fair〉, Seoul Arts Center, Seoul
**1998** 〈MANIF International Art Fair〉, Seoul Arts Center, Seoul
〈4th Jooksan International Arts Festival〉, Kyungki
〈4th Jooksan International Art Festival〉, Kyungki
**1997** 〈Life+Peace+Light: Hologram-the Future of Light〉, Seoul Museum of Art, Seoul
〈The Providence-Adversity to endurance, endurance to purification, purification to attain the aspired〉, Walker Hill Gallery, Seoul
**1996** 〈MAC 2000〉, Espace Eiffel Branly, Paris, France
〈The Providence-Love is as Strong as Death〉, 〈Performance-Let him be loose and free (John 11:44)〉, Gallery Artbeam, Seoul
**1995** 〈MANIF International Art Fair〉, Seoul Arts Center, Seoul
**1994** 〈The Providence-Electronic Garden〉, Hyundai department store, Seoul
**1993** 〈The Providence-Longing, Adversity, Resignation, the Meaning of Life and Harmony〉, Sun Gallery, Seoul
**1992** 〈Life and Death Controlled by...〉, Theodore Museum of Contemporary Art, Toronto, Canada
**1990** 〈Man, where are we from, where do we stay, and where do we go〉, Inkong Gallery, Seoul
**1989** 〈Jesus Loves You〉, Gallery Dongsung Art Center, Seoul
**1983** 〈Gradational Representation of Comb〉, National Korean Art & Culture Foundation, Seoul

## Group Exhibitions

**2012** 〈4th Good Morning〉, Gallery Lamer, Seoul
〈Seocho Arts Committee Exhibition〉, Hanjeon Art Gallery, Seoul
〈Hwarang Art Festival〉, COEX, Seoul
**2011** 〈Republic of Korea Art Festival〉, SETEC, Seoul
〈Seocho Arts Committee Exhibition〉, Hanjeon Art Gallery, Seoul
〈Korea Female Sculptor Exhibition〉, HwaBong Gallery, Seoul
〈3rd Good Morning〉, Gallery Lamer, Seoul

〈Seoreple Sculptor Exhibition〉, Gallery k, Seoul

〈MB walking with Art〉, Gong Art Space, Seoul

〈Exhibition in Commemoration of 45th year of SungShin Women's University〉, Insa Art Center, Seoul

**2010** 〈Exhibition in Commemoration of Winning Seokjoo Grand Art Prize〉, Gana Art Center, Seoul

〈Saemangeum Flag Festival〉, Buan

〈Halla Vivaldi〉, Halla Vivaldi Model House, Ilsan

〈PAGUS 21.5〉, Boutique Monaco, Seoul

〈2nd Good Morning〉, Gallery Lamer, Seoul

〈10 Countries Exchange Exhibition of Art Professors〉, Danwon Gallery, Ansan

〈Korea Female Sculptor Exhibition〉, KyungHee Palace Arts Center, Seoul

**2009** 〈University of Busan Opening Ceremony〉, Arts Center, Busan

〈Suwon University Art Professor Exhibition〉, Goeun Gallery, Suwon

〈Gallery Goeun Exhibition〉, Gallery Goeun, Masan

〈Korea International Art Fair〉, Crown Haitai Museum, Seoul

〈2009 PEACE DREAM ARTS FESTIVAL〉, Sevilla, Spain

〈Korea Female Sculptor Exhibition〉, Iang Gallery, Seoul

〈C.KOAS-China&Korea Relation 17th Anniversary Art Special Festival〉, SangSang Art Museum, Beijing, China

〈Top 22 Modern Artist〉, United Gallery, Seoul

**2008** 〈42nd Korea Arts Committee Exhibition〉, Seoul Arts Center, Seoul

〈Beijing International Art Fair〉, Seoan Yangboroo Gallery, Beijing, China

〈4th Ansan International Art Fair〉, Danwon Gallery, Ansan

〈$800〉, Kyunghyang Gallery, Seoul

〈Meeting, full of Dream and Love〉, Bon Gallery, Seoul

〈35th Sungshin Sculptor Exhibition〉, Moran Gallery, Seoul

〈KIAF 2008〉, COEX, Seoul

〈International Korea Art culture Expo〉, Greenville Convention Center, USA

〈4th Seoul Art Committee Exhibition〉, Youngdeungpo Culture Center, Seoul

〈Gate Soongraemoon Reconstruction Fund Raising Exhibition〉, Millenium Hilton Hotel, Seoul

〈Yeosoo International Art Festival〉, Jinnam Art Center, Yeosoo

〈Exhibition in Commemoration of Opening Gwangjoo Museum of Art Sanglok Center〉, Sanglok Center, Gwangjoo

**2007** 〈Pochun Asia Biennale〉, Poch대n

〈Exhibition in Commemoration of Opening Abbazzar〉, Abbazzar, Busan
〈Good News Arts for Christ〉, Milal Gallery, Seoul
〈Incheon Culture & Arts Center's reopening commemoration〉, Incheon Arts Center, Incheon
〈International Art Exhibition commemorating 15th anniversary of cultural interchange between Korea and China〉, Haitai Headquarter(Seoul)/ Beijing, China
〈3rd Seoul Fine Arts Association Members Exhibition〉, Seoul Museum of Art, Seoul
〈KIAF International Art Fair〉, COEX, Seoul
〈Kukmin Ilbo Contemporary Art Invitational Exhibition〉, Saejong Performance Art Center, Seoul
〈KIAF Namsong International Art Fair〉, Seongnam Arts Center, Seongnam
〈Kyunghyang Shinmoon $700 Exhibition〉, Kyunghyang Ilbo Gallery, Seoul

**2006** 〈MANIF International Art Fair〉, Seoul Arts Center, Seoul
〈Hwarang Art Fair〉, Seoul Arts Center, Seoul
〈Sea Art Festival Living Furniture〉, Busan Biennale, Busan
〈MediaArt Ansan 2006〉, Danwon Gallery, Ansan
〈Contemporary Medium Art Light〉, Seongnam Arts Center, Seongnam
〈Shanghai Art Fair 2006〉, Shanghai, China
〈Shimyang World Light Expo 2006〉, Chipansan Museum of Art, China
〈Chicago Art Fair〉, Chicago, USA
〈2nd Seoul Metro Art Fair〉, Seoul Metro Art Museum, Seoul
〈Incheon International Women Artists Biennale〉, Incheon
〈33rd Sungshin Sculpture Exhibition〉, Moran Gallery, Seoul

**2005** 〈Pocheon Asia Art Fair〉, Banwall Art Hall, Pocheon
〈Ansan Art Memory 2005〉, Danwon Gallery, Ansan
〈World Light Expo 2005〉, Koyang
〈Exhibition in Commemoration of Opening Gimhae Culture Center: Playing Light〉, Yoonsool Gallery, Gimhae
〈Shanghai Art Fair 2005〉, Shanghai, China
〈Sydney Art Fair 2005〉, Sydney, Australia
〈Exhibition in Commemoration of 60th year of Korea: Today and Tomorrow of Korea Art〉, Mokam Gallery, Goyang
〈21 Riddles〉, Danwon Gallery, Ansan
〈Nature's Recording〉, Seoul Museum of Art, Seoul

〈Women's Year Commemorative Exhibition〉, SuA Art Space, Suwon
〈Korea Art Festival〉, Sejong Performance Art Center, Seoul
〈100 Sculptors' Commemorative Exhibition〉, Sun Art Center, Seoul

**2004** 〈Color Expo 2004-Hologram〉, COEX, Seoul
〈Eco Metro〉, Gwangju Biennale, Gwangju
〈A Midsummer Night's Dream〉, Gayle Gallery, YangPyeong
〈Local Artist's exhibition in Kyungki〉, Seongnam Culture Center, Seongnam
〈Power of Soul〉, Hantak Plantation, Yongin

**2003** 〈Kyungju Expo〉, Kyungju
〈Adam and Eve- Esthetics of Nude〉, Sejong Performance Art Center, Seoul
〈Forest of Life Festival 2003〉, Gongpyeong Art Center, Seoul
〈Environmental Art: the Year of Water〉, Korea Sound Culture Center, Jeonju
〈Environmental Art: Water〉 Seoul Museum of Art, Seoul
〈Beyond the History(performance for Mar. 1 project)〉, Seoul
〈Color of Korea〉, Morioka Gallery, Iwate, Japan
〈Color of Korea〉, ATC Gallery, Osaka, Japan
〈Color of Korea〉, Ichi Gallery, Nagoya, Japan
〈Jesus & Symbol〉, Bit Gallery, Seoul
〈KIAF: Holy Spirit〉, COEX, Seoul
〈Small Work Exhibition for the Contemporary Artist〉,
Bit Gallery, Seoul
〈Consciousness, drowned into the Program(performance)〉,
Osaka, Japan

**2002** 〈Contemporary Sculptures of Korea 2002: What is Sculpture〉,
Seoul Arts Center, Seoul
Exhibition in Commemoration of Opening Seoul Museum of Art
〈Color of Korea〉, Seoul Museum of Art, Seoul
〈Korean & Japanese Artists' Invited Exhibition〉, Mokam Gallery, Goyang

**2001** 〈Sarang-Love〉, National Korean Culture & Arts Foundation, Seoul
〈200 Distinguished Artists Invitational Exhibition〉, Sun Gallery, Seoul
〈Bundang Art Festival〉, Samsung Plaza Gallery, Bundang
〈Sungshin Sculpture Exhibition〉, Seoul Museum of Art, Seoul

**2000** 〈The Five Artists' Invitational Exhibition of
Installation Art〉, Wing Gallery, Seoul
〈A New Dream in the Year's End〉, A New Millennium Preparation Committee,
LG Art Hall, Seoul

〈A Deep Well〉, Korean Classical Music Hall, Seoul Arts Center, Seoul
〈6th Pyungtaek International Art Festival〉, Pyungtaek Arts Hall, Pyungtaek
Exhibition in Commemoration of Opening Wing Gallery
〈200 Sculptors Invitational Exhibition〉, Wing Gallery, Seoul
〈Rabbit and Submarine〉, Seoul Museum of Art, Seoul
〈Invitational Exhibition of Contemporary Art〉, Seoul Gallery, Seoul
〈Bundang Art Festival〉, Samsung Plaza Gallery, Bundang
〈Sungshin Women's University 30th Anniversary Art Exhibition〉, Seoul Arts Center, Seoul

**1999** 〈The 〈The 12 Distinguished Female Artists' Invitational Exhibition〉, Gallery RiiKi, Seoul
〈Grosse Kunst Ausstellung Dusseldorf〉, Dusseldorf, Germany
〈Charity Exhibition for Helping the needy people〉, Seoul Gallery, Seoul
〈Invitation Exhibition to the Imaginary Art City〉, Internet 21C Art Environmental Research Institute, Seoul
〈Bundang Art Festival〉, Samsung Plaza Gallery, Bundang
〈Exhibition in Commemoration of Opening Hansuh Gallery〉, Hansuh Gallery, Seoul
〈Exhibition in Commemoration of Opening Bing Gallery: International Art Festival〉, Seoul.
〈'99 Environment Art Festival – Gwanghwamoon Project〉, Seoul
〈Exhibition in Commemoration of Opening Kyungki Art and Culture Center〉, Kyungki Art and Culture Center, Suwon
〈Sungshin Art Award Exhibition〉, Soojung Gallery, Seoul

**1998** 〈Hwarang Art Fair〉, Seoul Arts Center, Seoul
〈Sculptures in Performance〉, National Theatre, Seoul
〈Contemporary Artists Invitational Exhibition〉, Seoulshinmoon Gallery, Seoul
Exhibition in Commemoration of Celebrating 21 years of Opening Sun Gallery
〈200 Sculptors Exhibition〉, Sun Gallery, Seoul

**1997** 〈ARCO 97 Art Fair〉, Claude Dorval Gallery, Madrid, Spain
〈Hwarang Art Fair〉, Seoul Arts Center, Seoul
〈Sungshin Sculpture〉, Seoul
〈97 FIAC EDITION〉, Paris, France
〈Art Junction〉, Foire Festival D'art, Nice, France
〈SAGA 97〉, Espace Eiffel Branly, Paris, France
〈Na, Hye Seok Grand Art Exhibition〉, Culture and Arts Hall, Suwon

**1996** 〈MANIF International Art Fair〉, Seoul Arts Center, Seoul
〈Art Festival of Religious People in Korea〉, Seoul Arts Center, Seoul
〈Korea Female Artist Festival〉, Seoul Museum of Art, Seoul
〈Exhibition in Commemoration of 30th anniversary of Sungshin Women's University〉, Seoul Museum of Art, Seoul

## Musenm and Public Collections

Hoam Art Museum, Yongin
Total Museum of Contemporary Art, Seoul
National Museum,Gwacheon
Walker Hill Museum, Seoul
Shinchonji Museum of Sculpture, Jeju
Goun Museum, Suwon
Seoul Arts Center, Seoul
The Korean Art & Culture Foundation, Seoul
Yeonji Scoupture Park, Gimhae
Sukji Sculpture Park, Suwon
Mirage Tower, Seoul
Assem Tower Business Center, Seoul
63 Building, Seoul
COEX Intercontinental Hoter, Seoul
Kyungin Women's College
Samcheonggak, Seoul
New York Bakery, Seoul
The Daehan Spinning & Weaving Co., Seoul
The Chungnam Spinning & Weaving Co., Seoul and etc.

## Contact

The University of Suwon, College of Fine Arts, san2-2 Wau-ri, Bongdam-eup, Hwaseong-si, Gyeonggi-do 445-743, Korea
Tel : 82-31-220-2103
Fax : 82-31-220-2554
Cell : 82-10-5233-9774
E-mail : ycshim@suwon.ac.kr
homepage : www.artistshim.com

초판 1쇄 발행 2012년 9월 4일

지은이 심영철
펴낸이 김혜승
편 집 김신애
디자인 김경옥

펴낸곳 따뜻한손
등 록 제13-1345호
주 소 서울특별시 종로구 명륜동 1가 33-90 화수회관 303호
전 화 02-574-1114 02-762-5115
팩 스 02-761-8888
홈페이지 www.humandom.com



잘못된 책은 바꿔 드립니다.
가격은 뒤표지에 명시되어 있습니다.


ISBN 978-89-91274-58-7